DU MARIAGE

ET

DU CONTRAT DE MARIAGE

EN ANGLETERRE ET AUX ÉTATS-UNIS

LÉGISLATION COMPARÉE

DE L'ANGLETERRE, DES ÉTATS-UNIS ET DE LA FRANCE

PAR

J.-O. COLFAVRU

AVOCAT A LA COUR IMPÉRIALE DE PARIS

Auteur du *Droit commercial comparé de la France et de l'Angleterre*

m jus cuique.

PARIS

IMPRIMERIE ET LIBRAIRIE GÉNÉRALE DE JURISPRUDENCE

COSSE, MARCHAL ET Cie, IMPRIMEURS-ÉDITEURS

LIBRAIRES DE LA COUR DE CASSATION

Place Dauphine, 27

1868

DU MARIAGE

ET

DU CONTRAT DE MARIAGE

EN ANGLETERRE

AUX ÉTATS-UNIS ET EN FRANCE

Imprimerie de COSSE et J. DUMAINE, rue Christine, 2.

DU MARIAGE

ET

DU CONTRAT DE MARIAGE

EN ANGLETERRE ET AUX ÉTATS-UNIS

LÉGISLATION COMPARÉE

DE L'ANGLETERRE, DES ÉTATS-UNIS ET DE LA FRANCE

PAR

J.-O. COLFAVRU

AVOCAT A LA COUR IMPÉRIALE DE PARIS

Auteur du *Droit commercial comparé de la France et de l'Angleterre*

Suum jus cuique.

PARIS,

IMPRIMERIE ET LIBRAIRIE GÉNÉRALE DE JURISPRUDENCE,

COSSE, MARCHAL et Cⁱᵉ, IMPRIMEURS-ÉDITEURS,

LIBRAIRES DE LA COUR DE CASSATION,

Place Dauphine, 27.

1868

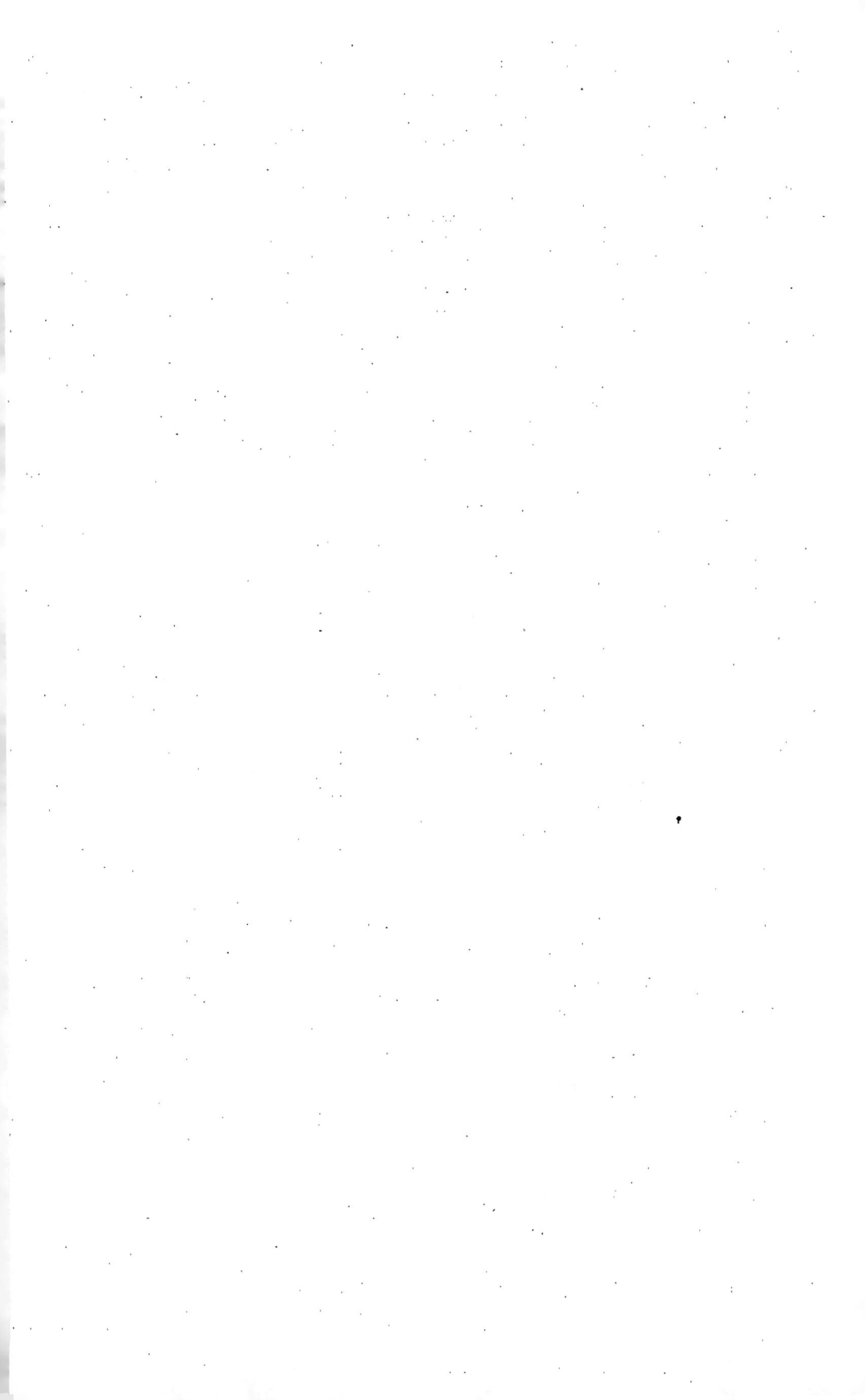

INTRODUCTION.

De la condition de la femme dans le mariage.

Le moyen le plus efficace de perfectionner l'homme, c'es d'ennoblir et d'exalter la femme. (Joseph de MAISTRE, du Pape, t. II, p. 127).

En publiant, il y a sept ans, *le Droit commercial et comparé de la France et de l'Angleterre* (1), j'obéissais à cette présomption que deux pays, dont les intérêts commerciaux étaient si étroitement engagés dans la voie des échanges et de la réciprocité, avaient besoin, comme condition nécessaire de la sécurité de leurs transactions, de se révéler l'un à l'autre et de se pénétrer par la connaissance mutuelle de leur propre législation.

Le livre sur *le Mariage et le contrat de mariage en Angleterre et aux États-Unis*, que je publie aujourd'hui, m'a paru répondre à une nécessité identique dans le domaine des intérêts civils.

La multiplicité prodigieuse des relations commerciales qui se sont établies entre la France d'une part, l'Angleterre et les Etats-Unis de l'autre, a eu pour conséquence l'accomplissement de mariages mixtes de plus en plus nombreux, et ces mariages ont donné pour sanction à l'amitié solide et durable des trois nations la plus intime et la plus énergique des alliances, la famille.

---

(1) Cosse, Marchal et Ce, libraires-éditeurs de la Cour de cassation, place Dauphine, 27, à Paris.

1

Mais dans ces unions de personnes appartenant à des nationalités différentes, soumises à l'empire de leur statut personnel, il est indispensable que les conditions civiles de l'association conjugale soient réglées conformément aux lois qui doivent en assurer le respect et l'observation, et c'est la connaissance de ces lois que je me suis proposé de procurer et de vulgariser.

Telle est la visée pratique de ce livre, où je n'ai point eu la prétention de faire de la science juridique, mais où j'ai essayé de résumer simplement, avec le plus de concision et de précision possibles, le droit de l'Angleterre et des États-Unis.

Quant au plan adopté, il est des plus simples : j'ai suivi les divisions logiques de notre Code civil ; en regard de chaque article, j'ai exposé la disposition correspondante du droit étranger, persuadé que ce procédé mettrait plus en relief et rendrait plus saisissables les différences originales qui distinguent la loi anglaise et le droit américain de notre propre législation.

Toutefois, l'intérêt de ce travail, au point de vue pratique, a été dominé pour moi, dans cette patiente étude, par un entraînement supérieur.

J'étais en face de trois formes du contrat qui règle les rapports de l'homme et de la femme dans la constitution de la famille, et j'ai voulu rechercher sous les textes abstraits le degré de prépondérance de la raison, de la morale humaine, de la justice enfin dans le mariage, chez ces trois grandes personnalités nationales.

Le progrès, selon moi, a pour condition essentielle et pour point de départ la répudiation absolue du principe romain et théocratique qui consacre l'infériorité juridique et sociale de la femme, et l'avénement, à sa place, du principe moral et humain de l'égale dignité, de l'égal respect et de l'égal droit des époux.

« La famille c'est la femme », a dit M. Boutteville, dans son remarquable ouvrage : *la Morale de l'Église et la morale naturelle.*

L'histoire, la philosophie et le droit, rendent le même témoignage.

« Nul changement ne s'est accompli dans la condition « particulière de la femme, sans réagir aussitôt sur la « constitution de la société tout entière.

« Partout où l'homme a dégradé la femme, il s'est « dégradé lui-même; partout où il a méconnu les droits « de la femme, il a perdu lui-même ses propres droits.

« Ainsi, dans les pays où la femme est traitée en es- « clave, l'homme a perdu le sentiment et jusqu'à la no- « tion de la liberté. On le voit par les pays d'Orient, où « règne la polygamie, et qui sont, comme dit Montes- « quieu, la vraie patrie du despotisme : la femme y ap- « partient à l'homme, mais l'homme à son tour appar- « tient au despote. Tyran dans son sérail, il est esclave « partout ailleurs.

« Partout, au contraire, où les constitutions ont assuré « à la femme la liberté, la capacité, la dignité morale, on « a vu fleurir, comme sur un sol propice, les vertus do- « mestiques et les vertus civiques, les libertés de l'homme « privé et les libertés du citoyen.' » (GIDE, *Étude sur la condition privée de la femme.* Introduction.)

M. de Tocqueville exprime la même opinion :

« Il n'y a jamais eu, dit-il, de sociétés libres sans « mœurs, et c'est la femme qui fait les mœurs. Tout ce « qui influe sur la condition des femmes, sur leurs habi- « tudes et leurs opinions, a donc un grand intérêt poli- « tique à nos yeux. » (*De la Démocratie en Amérique.*)

Quelle est donc la condition légale de la femme, de l'épouse, de la mère, dans notre temps, en Angleterre, aux États-Unis, en France? À quelle tradition se rattache-

t-elle? Quel principe, quelle morale, quel droit commandent les conditions nouvelles des rapports des époux dans
le mariage, en ce qui touche la liberté, la capacité, la
justice?

Tel est le grave problème qu'il m'a semblé intéressant
et profitable d'étudier, même dans le cadre étroit d'une
introduction.

En Angleterre, la femme n'est pas l'égale de l'homme
dans la famille. Fille, épouse, mère, elle n'y a, par la loi,
aucune autorité. La loi anglaise n'a rien perdu de son
empreinte plus romaine encore que féodale à cet égard,
bien que les mœurs en aient tempéré la dureté. Ainsi,
dans ce droit rigoureux, la fille est exclue par les frères
de la succession paternelle; la femme mariée n'a pas le
droit de tester, et, du vivant du père, elle n'est point consultée à l'occasion du mariage de ses enfants.

« Sous le régime inauguré par Guillaume le Conqué-
« rant, il n'y a de droit que pour qui manie l'épée. Pour
« la femme, incapacité perpétuelle. D'abord exclue des
« successions, puis admise à défaut de mâle, elle n'a
« même pas le droit de se choisir un mari : c'est le sei-
« gneur qui exerce ce droit. Le suzerain mettait aux en-
« chères, comme une marchandise, la main de toute
« femme noble, et la veuve n'avait pas même le droit de
« s'abstenir d'une nouvelle union, si tel était l'intérêt du
« seigneur. » (Gide, *ibid.*, p. 284.)

La grande charte dut stipuler le droit pour la fille de
refuser un mari indigne d'elle, et pour la veuve de rester
dans le veuvage.

Assurément, il n'en est plus ainsi. L'Équité, cette sorte
de droit prétorien de la Grande-Bretagne, est venue au
secours de la femme, comme de tous ceux qu'opprimait la
dure loi du vainqueur; mais il a fallu aller jusqu'au règne
de Guillaume IV pour qu'une loi nouvelle, amendant celle

de Guillaume le Conquérant, sans en répudier le principe, reconnût enfin à la femme mariée une personnalité distincte, et une capacité civile, pouvant engendrer le droit de conserver les biens qu'elle aurait pu mettre hors mariage.

Le droit traditionnel, *la common law*, ne dissimule pas cet anéantissement de la capacité civile de la femme mariée. Le mariage, dit le légiste, est une identité (*identity*). La femme mariée ne fait plus qu'une seule personne avec son mari, mais celui-ci a seul le droit, tout le droit, comme il a le nom.

Et cela va si loin, que les injures ou les violences subies par la femme de la part de tiers ne peuvent être ressenties et vengées juridiquement, que si le mari éprouve lui-même le sentiment de l'outrage, et juge à propos d'en poursuivre la réparation.

Il y a bien quelque chose de cette servitude étrange dans notre droit, car l'art. 216 du Code civil, en déclarant que « l'autorisation du mari n'est pas nécessaire lorsque la « femme est poursuivie en matière criminelle ou de « police », maintient évidemment cette nécessité, quand la femme a la volonté de poursuivre la réparation civile d'un outrage, d'une injure, d'un délit ou d'un crime.

Au fond, la femme mariée en Angleterre est incapable, parce qu'elle est impuissante à porter les armes; et politiquement parce que, ainsi que le fait remarquer M. Ed. Laboulaye, « les lois anglaises, celles du moins qui con- « cernent l'hérédité du sol et l'organisation de la famille, « ont été destinées à maintenir la grandeur et la durée « d'une aristocratie terrienne, ...d'une féodalité civile. » (*Recherches sur la condition civile et politique des femmes. depuis les Romains jusqu'à nos jours*, liv. IV, sect. I, tit. 2, ch. 8, p. 306.)

Pour que cette incapacité disparaisse, il faut que l'au-

torité violente de la force soit remplacée par la souveraineté morale du droit, et nous verrons à quel caractère le
droit se reconnaîtra comme le régulateur universel des
rapports humains, sous quelque manifestation et entre
quelques personnes qu'ils se produisent.

Ce droit barbare, si rudement empreint dans la loi
anglaise qui place son orgueil dans son immobilité ; ce
droit qui ne se justifie que par la suprématie de la force,
était-il inférieur au droit de l'Orient et de la théocratie de
l'Occident ?

Non, certes ; si le Germain reléguait la femme dans une
infériorité absolue, en ce qui touchait la participation au
droit, privilége exclusif du guerrier, il rendait un profond
hommage à sa dignité, et il l'entourait de respect et
d'honneur dans la famille et dans la tribu.

« Ces barbares ne se sont point mépris sur la vraie
« nature de la femme : ils ont senti que si elle était infé-
« rieure à l'homme par la force du corps, ELLE ÉTAIT MO-
« RALEMENT SON ÉGALE, et ne lui cédait ni en connaissance,
« ni en prudence, ni même en courage.

« Aussi, ne l'ont-ils point parquée dans les soins maté-
« riels du ménage : s'ils l'ont partout exclue de l'action,
« ils l'ont partout admise dans les conseils.

« La femme germaine ne pourra sans doute faire elle-
« même les actes juridiques, car on n'accomplit ces actes
« que les armes à la main ; mais c'est elle qui souvent gui-
« dera la main de l'agent qu'elle choisira ou révoquera à
« son gré. Elle ne pourra être elle-même tutrice de ses
« enfants, mais elle sera consultée dans tous les actes
« de la tutelle. Sur les champs de bataille, elle ne com-
« battra pas dans les rangs des guerriers, mais elle sera
« toujours derrière eux, près d'eux, prête à animer leur
« courage par ses cris, et au besoin à arrêter leur fuite
« par ses reproches.

« Dans les temples et près des autels, ce n'est pas elle qui
« immolera la victime et offrira le sacrifice, mais elle se tien-
« dra près du prêtre, elle saura interroger le sort, faire par-
« ler les auspices et révéler aux hommes le secret des dieux.

« Le Germain marchait avec plus de confiance au-
« devant du péril, quand il sentait derrière lui sa femme
« ou sa sœur; il se croyait mieux protégé par leur mys-
« térieuse influence que par son casque et son bouclier;
« et quand il se voyait près de périr, il s'imaginait que
« leur nom, murmuré tout bas, suffirait pour attirer sur
« lui la faveur des dieux et le sauver du danger. »

                    (Gide, *ibid*, p. 137-138.)

Quand la conscience victorieuse aura élevé la justice
au-dessus de la force, ce barbare deviendra le philosophe
et le libre penseur, le citoyen de l'Occident ; il proclamera
et justifiera le principe nouveau du respect de la personne
humaine ; il cherchera à reconnaître la légitimité et la
garantie de son droit, dans la reconnaissance du droit égal
de la femme, épouse, mère, et de son égale capacité.

Mais l'Orient, avec sa farouche théocratie, a proclamé
l'incapacité fatale de la femme, à cause de sa faiblesse
morale. Il en a fait un dogme, une religion. C'est une
damnation sans remède : sur elle se condenseront toutes
les répulsions, tous les anathèmes.

Ecoutez les docteurs les plus autorisés :

« Souveraine peste que la femme! Dard aigu du dé-
« mon! » (Saint Jean-Chrysostome.)

« Elle est la cause du mal, l'auteur du péché, la pierre
« du tombeau, la porte de l'enfer, la fatalité de nos mi-
« sères. » (Saint Jean-Chrysologue.)

« La femme ne peut ni enseigner, ni témoigner, ni
« compromettre, ni juger, ni à plus forte raison com-
« mander. » (Saint Augustin.) .

« La femme est une méchante bourrique, un affreux

« ténia, qui a son siége dans le cœur de l'homme ; fille du
« mensonge, sentinelle avancée de l'enfer, qui a chassé
« Adam du paradis : indomptable Bellone, ennemie jurée
« de la paix. » (Saint Jean de Damas.)

   « La femme n'a pas le sens du bien.» (Saint Grégoire
le Grand.)

   « La femme, livrée à elle-même, ne tarde pas à tomber
« dans l'impureté... Une femme sans reproche est plus
« rare que le phénix. C'est la porte du démon, le chemin
« de l'iniquité, le dard du scorpion, au total une dange-
« reuse espèce. » (Saint Jérôme.)

Et cette malédiction ardente s'étendra sur tout le moyen
àge! Elle expliquera ses affaissements, ses misères profondes, ses douleurs sans nom. L'an 1000, l'an de la fin
du monde, dure huit siècles : la femme est remplacée par
le prêtre ; dès lors, l'homme est anéanti : serf sans espoir,
il n'aura plus rien à lui ; l'étranger sera dans sa maison,
dans son esprit, dans son cœur ; la vraie famille, celle qui
procède des deux époux libres et égaux dans le respect
réciproque de leur personne, sera exprimée et remplacée
par l'institution mystique de la maternité de l'Eglise!

Michelet, parlant du moyen àge, *ce terrible mourant
qui ne pouvait ni mourir ni vivre*, résume ainsi ce long
supplice de la conscience humaine :

   « La chute pour l'homme, c'est de quitter la femme,
« pour la première fois d'aborder l'étranger...

   «Le père ! mot cher, sacré, l'amour de l'ancien monde!
« La famille y avait son ferme appui, son gardien au-
« guste ; le foyer, sa solidité. Tout flotte au moyen àge.
« L'époux est-il l'époux? Le père est-il le père? Je ne
« sais. La famille idéale, mystique, calquée sur la légende,
« a son autorité ailleurs. Nul chef de famille. Nul *père*,
« au sens ancien. Le nom qui voulait dire créateur, généra-
« teur, un tiers l'a maintenant. Le père lui dit: Mon père !

« — Qu'est-il donc dans sa propre maison ? » (*Bible de l'humanité*, p. 196, 470.)

Et ailleurs :

« On se trompe entièrement sur le caractère qu'a la
« famille du moyen âge dans l'idéal et dans le réel.

« La mère est-elle la mère ? Le fils est-il le fils ? Ni
« l'un, ni l'autre. Elle ne l'élève pas, il est au-dessus
« d'elle. L'enfant idéal est docteur et prêche en naissant.
« L'enfant réel, qui naît damné par le péché originel, est
« élevé comme damné, à force de coups (Luther avait
« le fouet cinq fois par jour).....Le mariage est con-
« damné dans toute la société féodale, comme lien infé-
« rieur. Là, comme dans l'idéal religieux de la famille,
« il n'y a pas de famille, parce que le père et l'époux
« manque. L'époux n'est pas l'époux du cœur. Le père
« n'est pas le père, n'étant pas l'initiateur ; l'initiateur,
« c'est l'étranger, la pierre d'achoppement et le brisement
« du foyer.

« Le moyen âge est impuissant pour la famille et
« l'éducation autant que pour la science. Comme il est
« l'anti-nature, il est la contre-famille et la contre-éduca-
« tion.» (Michelet, *la Renaissance*, introduction, p. 151.)

Et pourquoi cet effroyable anéantissement, qui menace
l'existence même de l'humanité dans sa source la plus
pure, dans ses plus vivaces énergies ?

Parce que l'homme s'est laissé mutiler dans la femme,
parce qu'il n'a pas su la défendre contre ce monstrueux
attentat, et qu'il l'a laissée en proie à la plus lamentable
dégradation.

« La femme, en ce temps bizarre, idéalement adorée,
« en remplaçant Dieu sur l'autel, est dans la réalité la vic-
« time de ce monde sur laquelle tous les maux retombent,
« et elle a l'enfer ici-bas. Boccace, dans sa Griseledis, ne
« dit qu'une histoire trop commune, la dureté insouciante

« de l'homme pour le pauvre cœur maternel. L'homme se
« résignant pieusement aux maux qui frappent la femme,
« il résulte de son imprévoyance une fécondité immense,
« balancée par une immense mortalité d'enfants. La femme,
« jouet misérable, toujours mère, toujours en deuil, ne
« concevait qu'en disant (dit le moine Spinger) : *Le fruit
« soit au diable !* Vieille à trente ou quarante ans, survivant
« à ses enfants, elle restait sans famille, négligée, aban-
« donnée. Et dans la famille même, au dur foyer du
« paysan, quelle place a *la vieille?* Le dernier desserviteurs,
« le petit berger, est placé plus haut. On lui envie les
« morceaux, on lui reproche le vivre. En tel canton de la
« Suisse, il faut une loi écrite pour que la mère chez son
« fils conserve sa place au feu.

« Elle s'éloigne en grondant, elle rôde sur la prairie
« déserte, elle erre dans les froides nuits, le fiel au cœur
« et en maudissant. Elle invoque les esprits infernaux,
« et, s'il n'en existe pas, elle en créera. » (*Ibid*, p. 107.)

La femme sera la sorcière.

Elle jettera sur la société la malédiction du droit outragé, proscrit, et cette malédiction, l'homme la portera
en lui-même, dans ses enfants : tous seront à l'étranger.

Et ce sera long !

Ouvrez l'*Esprit des lois*, interrogez Montesquieu, la
veille de cette heure suprême de 1789 : demandez-lui, à
cet homme bienveillant, honnête, austère, éminemment
chrétien, demandez-lui ce qu'il sait par l'histoire, et ce
qu'il pense comme critique, sur ce grave sujet.

Voici la réponse :

« Les femmes ont peu de retenue dans les monarchies,
« parce que la distinction des rangs les appelant à la
« cour, elles y vont prendre cet esprit de liberté qui est
« à peu près le seul qu'on y tolère. Chacun se sert de
« leurs agréments et de leurs passions pour avancer sa

« fortune, et comme leur faiblesse ne leur permet pas
« l'orgueil, mais la vanité, le luxe y règne toujours avec
« elles.

« Dans les états despotiques, les femmes n'introduisent
« point le luxe, mais elles sont elles-mêmes un objet de
« luxe. Elles doivent être extrêmement esclaves. Chacun
« suit l'esprit du gouvernement et porte chez soi ce qu'il
« voit établi ailleurs. Comme les lois y sont sévères et
« exécutées sur le champ, on a peur que la liberté des
« femmes n'y fasse des affaires. Leurs brouilleries, leurs
« indiscrétions, leurs répugnances, leurs penchants, leurs
« jalousies, leurs piques, cet art qu'ont les petites âmes
« d'intéresser les grandes, n'y sauraient être sans consé-
« quence.

« Dans les républiques, les femmes sont libres par les
« lois et captives par les mœurs ; le luxe en est banni, et
« avec lui la corruption et les vices. » (*Esprit des lois*,
liv. VII, ch. 8.)

Plus loin :

« Les filles que l'on ne conduit que par le mariage aux
« plaisirs et à la liberté, qui ont un esprit qui n'ose pen-
« ser, un cœur qui n'ose sentir, des yeux qui n'osent
« voir, des oreilles qui n'osent entendre, qui ne se pré-
« sentent que pour se montrer stupides, condamnées sans
« relâche à des bagatelles et à des préceptes, sont assez
« portées au mariage : ce sont les garçons qu'il faut en-
« courager. » (*Esprit des lois*, liv. XXIII, ch. 9.)

Ainsi s'exprimait, dans l'œuvre de philosophie juridique la plus considérable, l'un des plus purs caractères du
XVIIIe siècle.

Pour lui, la femme est ce que l'ont faite les anathèmes
des docteurs, les dégradations, fruit de leur enseignement.
Elle est ce qu'elle est pour le moine Spinger, pour le
paysan du XVe siècle : un martyr de la force et du fana-

tisme, un instrument d'intrigue, un être *stupide*, n'ayant qu'une destination, *être conduite aux plaisirs et à la liberté par le mariage*. Rien de plus.

Ah ! j'aime mieux la sorcière du XVe, du XVIe siècle, qui glace de terreur les auteurs de ses misères. A leur insu, elle est le remords qui les châtie, parce qu'elle est le droit outragé ; elle est une puissance, une personne ; elle n'est pas descendue encore à n'être qu'un objet de luxe ou une courtisane utile.

Et pourtant, la femme ainsi dégradée est bien le produit exact et accompli des doctrines morales des Augustin, des Chrysologue, des Chrysostôme, des Jérôme, des Jean de Damas !

Réfugions-nous, contre cette vision pleine d'angoisse et d'effroi, dans cette civilisation, où nous retrouvons le génie clément et doux qui brillait en nos pères, les Celtes, les Gaulois.

L'Inde antique, l'*Alma parens* de l'humanité, suivait cette loi de l'amour et du respect réciproque ; elle glorifiait, dans ses naïves aspirations, sinon dans sa loi positive, la conscience et la nature.

Écoutez ses moralistes, ses poëtes :

« Partout où les femmes sont honorées, les divinités
« sont satisfaites ; mais lorsqu'on ne les honore pas, tous
« les actes pieux sont stériles (*Dharma Shastra*, liv. III) (1).

« Les maisons maudites par les femmes d'une famille
« auxquelles on n'a pas rendu les honneurs qui leur sont
« dûs, se détruisent entièrement, comme si elles étaient
« anéanties par un sacrifice magique. » (*Ibid.*)

Et ailleurs :

« L'épouse est un objet d'honneur dans la maison ;

---

(1) Emprunté à l'ouvrage de M. Louis-Auguste Martin, *Histoire de la femme.*

« C'EST ELLE QUI ÉLÈVE LES ENFANTS; l'épouse est le souffle
« de vie de son époux; elle est tout dévouement à son
« maître. L'épouse est la moitié de l'homme; elle est
« pour lui le meilleur des amis; elle est la source du par-
« fait bien-être; elle est la racine de la famille et de la
« perpétuité. Les hommes qui ont une épouse accom-
« plissent les devoirs de chef de maison; quand ils pos-
« sèdent une épouse, les hommes sont comblés de joie
« et le bonheur du salut leur est assuré. Dans les lieux
« déserts, les femmes sont des amies procurant consola-
« tion par leur doux langage; elles sont comme des pères
« dans les devoirs sérieux de la vie; elles deviennent
« comme des mères dans les temps d'infortune.

« Les sages ont dit que le fils de l'homme étant un
« autre lui-même, né de lui-même, l'homme DOIT RESPEC-
« TER sa femme, la mère de ses enfants *autant que sa pro-*
« *pre mère.*

« Quand il regarde l'enfant de son épouse, comme il
« verrait sa propre image dans un miroir, il éprouve la
« même joie que l'homme pur qui a obtenu le ciel. Con-
« sumés par les peines de l'âme, affligés par des revers,
« les hommes trouvent de pures délices auprès de leur
« épouse, comme les êtres souffrants de la chaleur en
« trouvent dans la fraîcheur des eaux. » (*Maha-Barata,*
traduction de M. Hippolyte Fauche, empruntée à M. Louis-
Auguste Martin.)

Quelle poésie, quelle tendresse, quelle humanité !

C'est le génie de la Grèce stoïcienne et l'esprit du droit
grec.

Le mariage, en Grèce, était considéré comme une association du plus fort et du plus faible. La femme, sous la
puissance du mari, conserve son individualité.

Xénophon établit, entre les mérites de l'homme et
de la femme une parfaite égalité. Selon lui, « capables

« également de prévoyance et de mémoire, de tempé-
« rance et de vertu, mais, appelés par la nature à des
« fonctions différentes, les deux sexes, dont chacun pris
« à part et dans son isolement resterait imparfait, ont été
« créés en vue l'un de l'autre et se complètent mutuelle-
« ment. A l'homme le travail du dehors, la vie en plein
« air, le défrichement, les semailles, les plantations,
« l'élève des troupeaux, le soin de veiller à la sûreté ex-
« térieure de la famille. A la femme le travail du dedans,
« la vie intérieure, la garde des provisions, la prépara-
« tion des laines, le tissage des habits, la nourriture,
« l'éducation et l'innocence des enfants. Associée de
« l'homme, sa compagne et son égale, elle est reine dans
« la maison. »

Voilà la pensée de Xénophon dans son *Traité de l'Économie* (traduction de M. Talbot).

Ischomachus raconte à Socrate son premier entretien
avec sa femme, entretien résumé ci-dessus, et il termine
ainsi :

« Mais le charme le plus doux, ce sera lorsque, devenue
« plus parfaite que moi, tu m'auras rendu ton serviteur;
« quand, loin de craindre que l'âge en arrivant ne te fasse
« perdre de ta considération dans ton ménage, tu auras
« l'assurance qu'en vieillissant tu deviens pour moi une
« compagne meilleure encore, pour tes enfants une meil-
« leure ménagère, et pour ta maison une maîtresse plus
« honorée. Car la beauté et la bonté, lui dis-je, ne dé-
« pendent point de la jeunesse, ce sont les vertus qui les
« font croître dans la vie aux yeux des hommes. »

Mais à travers toutes ces revendications éloquentes de
la philosophie, au-dessous de cette morale universelle qui
parle dans l'Inde le même langage qu'en Grèce, en Gaule,
en Germanie, l'antique droit résiste : il est gardé par le
légiste, et le légiste est dur, inflexible comme la force;

honorez-le toutefois, car il est l'instrument de la suprême espérance ; du XVe au XVIIIe siècle, il va user la vieille tradition juridique : son procédé, c'est l'effort pour créer l'habitude du respect de la loi. Ce respect de la loi, effroi des tyrannies, tuera le droit de la force ; du XVe au XVIIIe siècle, on écrit les coutumes, on écrit sur la loi. Le droit devient une science, la science des esprits libres. Mais il faudra l'avénement de Voltaire et des grands esprits de l'*Encyclopédie* pour soulever la conscience humaine contre l'ennemi, pour rendre à l'humanité sa morale de raison, de dignité, de vie.

Alors seulement se fera de nouveau entendre, comme la voix des plus chers souvenirs, la morale stoïcienne affirmant le principe de l'égalité de l'homme et de la femme dans le mariage, et demandant à entrer dans la loi.

Voici comment elle s'exprime :

« Les divers préjugés sur le rapport d'excellence de
« l'homme à la femme ont été produits par les coutumes
« des anciens peuples, les systèmes de politique et les
« religions qu'ils ont modifiés à leur tour.

« Les raisons qu'on vient d'alléguer pour le pouvoir
« marital ne sont pas sans réplique, humainement parlant.

« Il paraît d'abord : 1° qu'il serait difficile de montrer
« que l'autorité du mari vienne de la nature, parce que
« ce principe est contraire à l'égalité naturelle des hom-
« mes ; et de cela seul que l'on est propre à commander,
« il ne s'ensuit pas qu'on en ait actuellement le droit ;
« 2° l'homme n'a pas toujours plus de force de corps, de
« sagesse, d'esprit et de conduite que la femme ; 3° le
« principe de l'Écriture, que la femme doit être soumise
« à l'homme comme à son maître, s'étant établi sous
« forme de peine, indique assez qu'il n'est que de droit
« positif.

« On peut donc soutenir qu'il n'y a point d'autre su-
« bordination dans la société conjugale que celle de la loi
« civile, et, par conséquent, rien n'empêche que des con-
« ventions particulières ne puissent changer la loi civile,
« dès que la loi naturelle et la religion ne déterminent
« rien au contraire.....

« .... Si quelque femme, persuadée qu'elle a plus
« de jugement et de conduite, ou sachant qu'elle est
« d'une fortune ou d'une condition plus relevée que celle
« de l'homme qui se présente pour son époux, stipule le
« contraire de ce que porte la loi, et cela du consentement
« de cet époux, *ne doit-elle pas avoir*, EN VERTU DE LA LOI
« NATURELLE, *le même pouvoir qu'a le mari*, en vertu DE LA
« LOI DU PRINCE. »

« Lorsque le mariage des Lacédémoniens était prêt à
« se consommer, la femme prenait l'habit d'un homme;
« c'était là le symbole du POUVOIR ÉGAL qu'elle allait par-
« tager avec son mari. On sait, à ce sujet, ce que dit
« Gorgone, femme de Léonidas, roi de Sparte, à une
« femme étrangère qui était fort surprise de cette égalité :
« IGNOREZ-VOUS répondit la reine, QUE NOUS METTONS DES
« HOMMES AU MONDE.

« Autrefois, même en Égypte, les contrats de mariage
« entre particuliers, aussi bien que ceux du roi et de la
« reine, donnaient à la femme l'autorité sur le mari.
« (Diodore de Sicile, liv. I, ch. 27).

« Rien n'empêche du moins que l'autorité d'une femme
« dans le mariage ne puisse avoir lieu, en vertu des con-
« ventions, entre des personnes d'une condition égale, à
« moins que le législateur ne défende toute exception à
« la loi, malgré le libre consentement des parties.

« Le mariage est de sa nature un contrat; et, par con-
« séquent, dans tout ce qui n'est point défendu par la loi

« naturelle, les engagements contractés entre le mari et la
« femme en déterminent les droits réciproques. »

(*Encyclopédie du XVIII⁰ siècle*, Le Chevalier de Jaucourt.)

Cette profession de foi des libres penseurs du XVIII⁰
siècle, précurseurs immortels de notre âge, est l'exposé des
motifs de la revendication si longtemps et si douloureu-
sement préparée, qui attend du pouvoir social sa formule
et ses garanties.

C'est l'heure bénie de la déclaration des droits de
l'homme et du citoyen par Franklin, par Washington,
et par nos pères glorieux de 1789.

L'Angleterre n'entendit pas ce généreux appel de l'A-
mérique et de la France à la conscience universelle.

La vieille aristocratie britannique se serrera autour de
ses préjugés et de sa tradition : Burke sera plus fort que
Fox ; et le fatal génie de Pitt mettra sa gloire sinistre à
arroser de sang pendant vingt ans, mais sans l'y noyer, le
radieux berceau du droit et de la liberté modernes.

Contrainte au respect de notre personnalité nationale
autant par sa dernière victoire que par ses précédents revers, l'aristocratique Angleterre se bornera à éloigner d'elle
la contagion libératrice de l'idée nouvelle.

Elle gardera son droit traditionnel, fidèle expression
du droit du moyen âge ; et, malgré l'adoucissement des
mœurs, la femme continuera à subir cet anéantissement
légal de sa personne dans l'*identity* juridique du mariage.

Pourtant l'esprit nouveau s'agite au sein de cette nation
si vivace, et les femmes l'ont accueilli au cœur même de
l'aristocratie.

Le droit actif, efficace, directement exercé dans tous
les rapports des agents libres et responsables, quel que soit
leur sexe, ne peut se refuser qu'à l'incapable, et l'incapable est celui qui ne sait pas et qui ne peut pas.

2

Les femmes doivent donc savoir et savoir dans la même mesure que les hommes : et c'est pourquoi l'initiative individuelle est à l'œuvre pour créer aux environs de Londres un *collége de femmes* où l'on enseignera toutes les connaissances qui font l'objet de l'enseignement des universités !

Voilà le principe de l'émancipation posé dans un acte pratique résolûment accompli : et rien n'arrêtera la logique inflexible de l'esprit anglais dans les déductions politiques et sociales qui s'en dégageront.

Aux États-Unis, la loi fut longtemps celle de la Grande-Bretagne : mais une fois l'édifice politique de la jeune république affermi, l'esprit public s'empressa de réaliser dans les rapports juridiques des membres de la société les principes de liberté et d'égalité écrits dans le pacte constitutionnel.

Depuis 1830, le mouvement de réforme et de réparation s'est généralisé, et le premier soin de ces esprits positifs et hardis a été de proclamer l'égalité des époux au sein du mariage.

Ils ont fait du contrat de mariage un contrat libre, exclusivement civil et privé ; écartant toute ingérence administrative, ils ont reconnu à la femme mariée une capacité absolue en ce qui touche sa personne et ses biens.

L'épouse, la mère est l'égale de l'époux, du père : leur action se combine sans se subordonner ; et, chacun gardant sa fonction, ce devoir s'accomplit sans contrainte, comme le droit se pratique sans conflit.

L'éducation a préparé cette harmonie.

« Longtemps avant que la jeune Américaine ait atteint
« l'âge nubile, on commence peu à peu à l'affranchir
« de la tutelle maternelle : elle n'est point encore
« sortie entièrement de l'enfance que déjà elle pense par
« elle-même, parle librement, et agit seule ; devant
« elle est exposé constamment le grand tableau du monde ;

« loin de chercher à lui en dérober la vue, on le découvre
« chaque jour de plus en plus à ses regards, et on
« lui apprend à le considérer d'un œil ferme et tran-
« quille. Ainsi, les vices et les périls que la société présente
« ne tardent pas à lui être révélés ; elle les voit claire-
« ment, les juge sans illusion et les affronte sans crainte ;
« car elle est pleine de confiance dans ses forces, et sa
« confiance semble partagée par tous ceux qui l'environ-
« nent....

« En Amérique on ne voit guère d'union précoce. Les
« Américains ne se marient que quand leur raison est
« exercée et mûrie ; tandis qu'ailleurs la plupart des
« femmes ne commencent à exercer et à mûrir leur rai-
« son que dans le mariage. » (Tocqueville, *de la Démo-*
« *cratie en Amérique*, t. II, p. ch. 9 et 10.)

Le mari, sans doute, est l'organe ordinaire de l'autorité
commune de l'association conjugale ; mais la consécration
de l'individualité libre et égale de la femme est pour elle
une garantie suffisante contre toute oppression.

La conséquence de ce grand acte de réparation a été
d'associer la femme au mouvement des esprits et au
service des intérêts moraux de la patrie.

Admise au bénéfice de l'enseignement, elle est devenue
rapidement capable d'enseigner à son tour au foyer
privé de la famille et au foyer commun de la cité.

Qui n'a admiré cette merveilleuse école de solidarité
humaine, de respect réciproque, de sympathie sévère,
plus dirigée que contenue, qui fait la gloire et la sécurité
de la puissante république ?

L'école, aux États-Unis, est l'objet de la plus inquiète
préoccupation, de la plus vive sollicitude nationale. L'enseignement s'y donne aux enfants et aux jeunes gens réunis
des deux sexes, et l'homme et la femme, ainsi associés dès
l'enfance dans la pratique des mêmes efforts, des mêmes

connaissances, des mêmes sentiments, parviennent aux avenues de la vie réelle sans y rencontrer d'illusion ni de surprise

Aussi, nulle part l'homme et la femme ne sont plus en possession qu'aux États-Unis des conditions élevées de leur destination ; nulle part, le droit n'est porté plus haut et plus ferme dans la réciprocité du respect qui l'affirme et le garde ; nulle part, ne s'est vue plus glorieuse et plus sereine manifestation de la justice et de la liberté.

Et cette reconnaissance du droit de la femme au regard du mari n'est point une simple énonciation de principe, sans virtualité et sans énergie.

Tout récemment, une Cour de justice, la Cour de Louisville, statuait en ces termes sur la prétention d'un mari d'ouvrir la correspondance de sa femme :

« Nous n'admettons pas que, dans ce temps et dans ce « pays, l'autorité légitime d'un mari donne le droit d'im- « mixtion dans la chaste et amicale correspondance de sa « femme. Une si blessante ingérence, qui ne servirait « qu'à satisfaire une curiosité jalouse et oppressive, por- « terait atteinte à la confiance sociale et troublerait la paix « domestique. Au point de vue des convenances, de telles « lettres écrites à une femme lui appartiennent en toute « propriété : elle n'est nullement obligée de les montrer « à son mari. — La loi reconnaît la responsabilité morale « des épouses, et conséquemment leur garantit la liberté de « pensée et d'échange de leurs sentiments. Leurs idées leur « sont propres, leurs émotions leur appartiennent, et leurs « affections ne sont qu'à elles. LA FEMME N'EST NI L'ESCLAVE, « NI LA MAITRESSE DE SON MARI, MAIS SA LIBRE COMPAGNE ET « SON ÉGALE. »

Quelle noblesse, quelle dignité, quelle justice !

Ce retour de la république américaine au respect du droit de la femme lui a porté bonheur ; là SEULEMENT se trouve l'homme libre, le citoyen souverain dans le respect du droit, dans la pratique sincère de la justice ; là SEULE-MENT il n'y a pas de place pour la servitude et le despotisme ; car chaque fois qu'un droit est reconnu et loyalement garanti dans le monde, il s'épanouit en bienfaits pour ceux qui lui ont rendu témoignage et ont su le préserver de tout outrage, le sauver de toute usurpation.

En France, la femme est l'égale de l'homme dans la jouissance et l'exercice des droits civils ; mais, pour garder cette capacité, elle doit renoncer à se constituer régulièrement une famille.

La femme, en se mariant, devient mineure : l'association la plus sacrée, la plus humaine, celle qui doit compléter la puissance d'action de sa personne, lui inflige, au contraire, une véritable *minutionem capitis*, une déchéance. Le compromis du Code civil avec la tradition théocratique et féodale a conservé contre elle la dure institution de la puissance maritale.

Ces deux êtres, qui ne doivent former qu'une seule personne morale, séduisant idéal de l'institution, la loi, par une contradiction injustifiable, les distingue et les divise de telle sorte qu'elle n'en fait même pas des héritiers réciproques, et qu'elle leur préfère les collatéraux jusqu'au douzième degré.

Évidemment, le droit naturel fléchit ici devant la tradition hostile à la femme, et la convention légale édictée contre elle est inconciliable avec le principe qui domine notre législation.

Portalis disait au Conseil d'État, le 16 ventôse an XI :

« Les égards mutuels, lès devoirs et les obligations
« réciproques qui naissent de l'union une fois formée, et
« qui s'établissent nécessairement entre des êtres capa-
« bles de sentiment et de raison, tout cela est de l'em-
« pire du droit naturel.

« *Je découvre un véritable contrat dans l'union des deux*
« *sexes.* Le contrat n'est pas purement civil, quoi qu'en
« disent les jurisconsultes ; il a son principe dans la na-
« ture, qui a daigné nous associer en ce point au grand
« ouvrage de la création ; il est inspiré et souvent com-
« mandé par la nature même.

« *Le mariage, c'est la* SOCIÉTÉ *de l'homme et de la femme*
« *qui s'unissent pour perpétuer leur espèce, pour s'aider par*
« *des secours mutuels à porter le poids de la vie, et pour par-*
« *tager leur commune destinée.* »

Comment une égalité et une réciprocité de droit, si
nettement expliquées en principe, se sont-elles évanouies
dans les dispositions organiques du mariage ? Pourquoi la
loi, qui a reconnu à la femme non mariée des droits égaux
à ceux de l'homme, l'a-t-elle dépouillée de cette égalité le
jour où, s'unissant à l'homme devant la loi pour former
une famille, elle est entrée dans la plénitude de sa destination ?

Qui expliquera cette non moins étrange réminiscence
d'une tradition déchue, cette disposition qui, en cas d'absence ou d'incapacité légale du mari, ne fait pas cesser
l'incapacité accidentelle de la femme, mais la soumet à
un autre tuteur, le magistrat?

La femme qui n'aura pas recherché la consécration légale de son union avec l'homme, et qui aura créé avec
ce dernier une famille, conservera dans son intégrité la
capacité de sa personne : elle exercera ses droits de mère,
sans que ni magistrat ni tuteur interviennent pour en
contrôler l'usage, sans que rien limite, diminue, modi-
fie les prérogatives de sa majorité.

Mais si elle appelle la sanction de la loi pour convertir
en un contrat civil le lien volontaire et libre de son union,
elle entrera sans retour dans la minorité, dans la subordination, dans la déchéance.

Où est la raison juridique qui justifie devant le bon sens, devant la morale, la suppression du libre exercice des droits de la femme, le jour où elle entre dans le mariage et aborde les plus graves responsabilités de la vie?

La mère, cette expression de l'être la plus entourée de respect et de vénération par toute conscience restée humaine, par toute conscience n'ayant pas rompu avec les obligations de famille, de cité, de patrie, d'humanité, pour n'en devenir que le parasite hostile et ingrat; la mère est-elle reconnue et protégée dans son droit supérieur par la convention civile?

Non. La mère procède de l'épouse : comme elle, elle demeure mineure et subordonnée.

Elle restera telle, lorsque les êtres qu'elle aura tirés de son sein, de son esprit, de sa tendresse, seront entrés dans cette pleine majorité qui confère à l'homme l'investiture de sa dignité, de son droit, de sa liberté.

Pour la famille, la mère n'est pas l'égale du père. Elle n'a qu'un droit officieux de délibération, quant à la direction des intérêts matériels et moraux des enfants.

La volonté du mari ne souffre pas de discussion : il veut parce qu'il veut. La loi ne l'oblige pas à avoir raison : il est l'autorité infaillible.

Quand les enfants ne peuvent contracter mariage sans le consentement de leurs parents, la décision du père procède d'une suprématie absolue, et le dissentiment de la mère est non avenu.

La tutelle de la mère n'est presque pas un droit; elle n'a que les allures d'une tolérance : c'est un droit au deuxième degré, et particulièrement éphémère.

Un second mariage peut même exposer la mère à voir briser ce lien de respect et de devoir qui la rattache aux êtres sacrés pour elle par la nature.

N'y a-t-il pas là encore une immolation du droit humain,

du respect de la personne, à des nécessités depuis long-temps inopportunes, injustifiables, contradictoires?

Comment s'est produite cette déviation des principes proclamés par les auteurs de la déclaration ?

Par l'influence prépondérante des préjugés romains et de la tradition théocratique et féodale sur l'esprit du législateur.

Notre Code civil est l'expression très-exacte de ce compromis qui n'a donné satisfaction ni au privilége ni au droit, et qui semble avoir obéi à une préoccupation réfléchie, la nécessité d'une halte dans l'ascension si énergique de la société vers le droit et vers la justice.

La pensée réparatrice du droit moderne est écrite dans l'art. 212 du Code civil : « Les époux se doivent mutuel-
« lement fidélité, secours, assistance. » C'est l'égalité du respect et du droit.

L'intérêt de réaction est écrit dans l'article 213 : « Le
« mari doit protection à sa femme, la femme obéissance à
« son mari. » C'est l'infériorité et la subordination.

C'était la logique de l'Empire, qui ne pouvait trouver que dans les institutions du passé et hors du droit nouveau la justification contingente et les conditions artificielles de son existence et de son action.

Voilà pourquoi, détruisant l'œuvre naissante et féconde de la Révolution, répudiant comme incompatibles avec son origine et ses fins les principes nouveaux d'organisation sociale, de morale, d'enseignement, d'éducation, il s'empressa de tout demander au génie funeste des Césars et à leur violente théocratie.

Cette épreuve dure depuis soixante-dix ans : demandez-lui le secret des convulsions terribles par lesquelles a passé le grand esprit de la France.

Comment rentrer dans la voie de réparation et de justice ouverte à la constitution de la famille moderne et si prématurément abandonnée par ceux qui en avaient parcouru les splendides avenues?

En affirmant et en réalisant juridiquement le principe universel qui révèle à l'homme, dans sa conscience, la règle intime à sa nature : RESPECT RÉCIPROQUE ET MUTUEL DE LA PERSONNE HUMAINE; en élevant l'autorité de ce principe au-dessus de toutes les contingences, de toutes les inégalités naturelles ou de convention, de toutes les diversités de fonctions et de rapports; en disant, comme Portalis, que la femme est l'égale de l'homme de par la nature, et en veillant à ce que cette égalité ne soit point diminuée par le mariage qui ne doit lui donner, selon la justice, qu'une plus complète garantie.

J'entends les objections du préjugé, du sarcasme et de l'ironie; j'entends l'argument du légiste qui, lui aussi, a son fanatisme, l'adoration de la loi dans ses maximes, quelles que soient leur vieillesse et leur caducité, et qui, parqué dans ses habitudes d'esprit, quiétiste irritable et ombrageux, ne voit que témérité et péril dans toute nouveauté.

La femme, disent-ils, est atteinte d'infirmité intellectuelle; quelques-uns même, disciples du concile de Mâcon qui en 525 délibérait sur la question de savoir si la femme avait une âme, la déclarent affectée d'infirmité morale; enfin, elle est d'une nature très-nerveuse, très-impressionnable, légère, capricieuse, incapable de réflexion, d'expérience, sans discernement pour faire un usage utile et raisonnable de sa liberté.

Les faits répondent à ces inepties, qui n'ont plus que la valeur d'une injure.

Mais la loi qui a édicté pour les femmes une responsabilité égale à celle qu'elle prescrit pour les hommes, quand elle ne l'aggrave pas; la loi n'a-t-elle point proclamé plus que haut tous les sophismes de la mauvaise foi et du mauvais goût, qu'à ses yeux; la femme a la même liberté que l'homme, qu'elle est pourvue des mêmes facultés pour concevoir, connaître et pratiquer le vrai, le bien, le beau ; et qu'elle n'est affligée d'aucune infirmité intellectuelle et morale qui nécessiterait, si elle existait, une indulgence proportionnée à sa faiblesse et à son infériorité ?

L'objection n'a son origine et sa fin que dans les intérêts de certaine tradition qui n'a vécu et ne peut vivre que de l'abaissement de la femme, et qui voit lui échapper sa dernière espérance dans l'acte de réparation et de justice qui suscitera en elle, avec la garantie de son droit, le sentiment éclairé de sa légitime puissance, l'idée exacte de sa personnalité.

La femme, douée des mêmes facultés intellectuelles et morales que l'homme, destinée par la nature à être sa compagne, doit puiser à la même source d'enseignement et d'éducation les connaissances qui lui permettront de comprendre, par l'intelligence et par le cœur, l'associé et le compagnon de sa destinée.

Cette utopie est depuis longtemps une réalité en Amérique ; elle s'organise en Angleterre ; et le pouvoir public la pratique en France, malgré certaines colères, en ouvrant ces cours publics où d'éminents professeurs enseignent, sous le regard maternel, aux jeunes filles des connaissances saines et solides indispensables à toute responsabilité.

Le premier bénéfice recueilli par la femme de cette sollicitude pour le développement de son esprit et de sa raison, sera d'éclairer sa délibération dans la grave initiative du mariage, et de garder son consentement de toute surprise, de toute illusion, de toute contrainte.

Qui oserait soutenir que la jeune fille qui, à quatorze ans, selon la loi, peut contracter mariage, soit, à cet âge, voire même à seize et à dix-huit ans, vraiment pourvue de la liberté à la possession de laquelle le législateur a entendu conférer la capacité civile indispensable pour les contrats les moins importants de la vie ?

Je ne crois pas que la femme, pas plus que l'homme, soit libre avant d'avoir atteint un âge qui comporte cette présomption. Il ne suffit pas que la nature physique soit arrivée chez les deux sexes au degré de développement et d'épanouissement qui permet la création d'une famille ; il faut surtout que l'esprit et la conscience soient entrés dans cette première phase de maturité dont la loi a reculé la limite, pour certains actes, jusqu'à vingt et un ans pour la femme, jusqu'à vingt-cinq ans pour l'homme.

Lycurgue avait fixé à 24 ans pour les femmes l'époque légale du mariage, parce que, disait-il, leur raison était seulement alors suffisamment développée pour qu'elles comprissent leurs devoirs d'épouses, de mères, de citoyennes.

Ainsi se passent les choses en Amérique, sans que la loi ait eu besoin de recourir à aucune prescription.

Portalis disait à ce sujet :

« L'expérience prouve qu'une bonne éducation peut
« étendre jusqu'à un âge très-avancé l'ignorance des
« désirs et la pureté des sens, et il est encore certain,
« d'après l'expérience, que les peuples qui n'ont point
« précipité l'époque à laquelle on peut devenir époux et
« père, ont été redevables à la sagesse de leurs lois de la
« vigueur de leur constitution et de la multitude de leurs
« enfants. »

Ne peut-on demander que, pour être capables de contracter mariage, l'homme et la femme soient arrivés à l'âge de raison et pourvus de quelque expérience ? Et ne peut-on pas dire que la considération d'ordre purement physiologique invoquée par Portalis, et qui suffisait au système politique de son temps, ne saurait suffire à des aspirations qui ont une tout autre estime de la conscience humaine, un tout autre souci de la liberté ?

Ainsi se formera, en sécurité, la société conjugale, dans le sentiment et dans la conception réfléchis du respect réciproque des époux. Unis par le lien d'un droit égal, ils s'appartiendront avec indépendance, ils éloigneront toute influence étrangère, tout mystique adultère, tout conseil indiscret. Ce sera le foyer antique, possédant dans son inviolable enceinte toute souveraineté, toute religion, toute morale; ce sera l'expression la plus idéale du mariage, une conscience, une raison à deux.

Où donc serait, dès lors, l'inconvénient de reconnaître aux deux époux des droits égaux d'action et d'administration !

Mais les conflits ? dira-t-on.

Si les époux sont en désaccord sur telle question d'intérêt social, qui les départagera ?

Je réponds sans hésiter, la justice.

Est-ce une innovation ? Nullement. Il y avait autrefois le tribunal domestique. Aujourd'hui, les articles 218 et 219 du Code civil n'admettent-ils pas que la femme à qui son mari refuse son consentement pour l'autoriser soit à ester en justice, soit à passer un acte, peut obtenir cette autorisation de la justice ?

Le juge prononcera, dans la chambre du conseil, si la publicité paraît indiscrète, sur le dissentiment des époux; et le droit commun remplacera l'exception discrétionnaire.

D'ailleurs, le cœur humain, en sa logique moins faillible que les suspicions du légiste, trouvera le préservatif de ces misères chimériques.

Plus la femme se sentira libre et respectée, plus elle témoignera à son mari de déférence loyale; plus elle pourra user d'initiative ou de résistance, plus elle mettra de fierté à céder à une volonté raisonnable qu'elle n'aura plus à subir.

J'atteste ici le témoignage de toute femme au cœur

droit, à l'esprit élevé : en est-il une seule qui ne sente le germe d'une grandeur jusqu'ici inconnue dans la femme qui aura reçu de la justice de l'homme cette consécration de son droit et de sa dignité ?

Au-dessus de cette réparation dont j'exprime le vœu avec tout le respect que je porte d'ailleurs à une législation relativement libérale, je vois, de l'épouse *ennoblie et exaltée*, se dégager la mère exaltée et ennoblie à son tour.

Par la maternité, la femme réalise au plus haut degré sa vocation sociale. Sacrée par cet auguste caractère, elle va porter la plus redoutable et la plus inviolable responsabilité.

En effet, avec le père, elle devient initiateur de l'enfant, et le SEUL initiateur qui doive préparer sa mystérieuse destinée.

Comme Gorgone, elle doit se dire que, mettant au monde l'homme, elle doit revêtir les énergies et les puissances de l'esprit et de l'âme sous lesquelles vont éclore et se développer les facultés de l'être qui entre dans l'avenir.

Qu'elle soit libre elle-même, dans la raison, dans la morale et dans la science, si elle veut se retrouver idéalisée dans sa docile et inexorable image.

Faire mieux que soi, c'est la fin glorieuse du créateur humain, le signe de son incomparable grandeur.

Dans notre société, chaque individu étant souverain, il faut à ce souverain tout ce que la discipline des sociétés théocratiques ou militaires a eu le soin de donner à l'individu sur lequel se concentrait toute souveraineté, c'est-à-dire lumière, savoir, liberté.

C'est là ce que doit recevoir tout homme venant en ce monde, pour que sa souveraineté ne soit point une dérision rappelant la douloureuse légende de la couronne du Christ.

L'ENFANT EST UN DROIT, et le plus sacré de tous, devant le principe du respect de la personne humaine.

Il n'appartient point au père et à la mère, il n'appartient qu'à lui-même, de même que jadis il était la chose du souverain procédant de la force, prêtre ou guerrier.

Auprès de lui, jusqu'à ce qu'il soit devenu responsable, le père et la mère ne sont que le *Devoir* : devoir plus haut que la tutelle, veillant avec respect, et non point à sa discrétion, au développement de cette liberté naissante, préservant son inexpérience, éclairant et guidant ses manifestations.

Éducation, enseignement, conformes au respect du droit et de la personne de l'enfant, voilà ce qui résume ce devoir dont la mère sera l'organe permanent, puisque le foyer domestique est le siége nécessaire de son activité.

Qu'elle enseigne le plus possible elle-même, sous l'inspiration exclusive du père, comme conseil ; qu'elle soit la surveillante attentive et inquiète de l'enseignement qu'il faudra demander à l'extérieur ; mais surtout qu'elle garde l'enfant, garçon ou jeune fille, de cette promiscuité fatale où se perdent les précieuses impressions de la famille, où se brisent les caractères sous la servitude brutale des disciplines, où s'égare et s'oblitère le vrai sentiment de la dignité.

Telle est la fonction de la mère. Quand elle voudra y mettre sa fierté et son orgueil, tout s'harmonisera autour d'elle pour lui en assurer l'accomplissement.

Élevant ses fils et ses filles dans cette égale sollicitude, elle effacera les distinctions funestes qui ne développent que des inégalités, qui divisent des esprits et des âmes destinés à la plus harmonieuse sympathie ; elle aura fondé les mœurs nouvelles qui réfléchiront le respect et non plus le mépris de la personne.

Ce qui constitue le désordre moral si profond de notre

état social, ce n'est pas la perversité des hommes; nous ne sommes pas pires que nos prédécesseurs; mais c'est la contradiction violente du principe sur lequel est assise notre société avec les mœurs dans lesquelles chaque gouvernement a intérêt à nous contraindre à vivre.

Le maintien de ces mœurs n'est autre chose que la projection hostile du principe vaincu de l'ancien régime: chassé de nos institutions, il s'est réfugié dans les intérêts et les passions qui ne peuvent vivre avec la morale et la justice.

C'est la guêpe laissant, avant de mourir, son dard venimeux dans la main qui l'écrase.

Nous, société démocratique, nous subissons dans leur licence et leur immoralité, sans leur emprunter leurs qualités, les mœurs du temps de Louis XV et de Louis XVI, et je vois là le signe le plus manifeste de notre misère morale et de notre abaissement.

Voilà pourquoi j'appelle la mère au secours dans ce péril, afin que par les mœurs nouvelles qu'elle seule peut créer, elle ramène femmes et hommes au foyer que les mœurs trop vivantes du passé abandonnent.

Mais il faut à ce foyer ranimer le feu sacré que le génie de la famille y laisse éteindre.

La mère, rentrée en possession de son droit, armée de raison contre tout fanatisme, retrouvera l'étincelle.

Résistant aux préjugés qu'elle vérifiera, aux séductions extérieures qu'elle répudiera, pratiquant avec sincérité ce respect de sa personne, condition première du respect de la personne d'autrui, y cherchant exclusivement toute règle, elle révélera les vraies joies de l'intérieur, composées de devoirs accomplis, de souvenirs sans regrets et d'inépuisables espérances.

Je dois clore ici cet entretien avec les plus chères

préoccupations de ma pensée, avec ces rêves de ma jeunesse que je vois déjà s'agiter et vivre.

Je me résume donc, et je dis que le problème des mœurs nouvelles ne se peut résoudre que par l'influence des femmes; que les femmes doivent, à cette fin, procéder d'une éducation, d'un enseignement semblables à l'enseignement et à l'éducation des hommes;

Que, développées dans leurs facultés intellectuelles et morales, elles seront préparées à une liberté et à une responsabilité qui n'autoriseront dans le mariage, au profit du mari, aucun privilége, et ne justifieront plus entre les époux que l'égalité réciproque du respect et du droit.

Je dis enfin que cet acte de justice et de raison est le seul remède à nos misères, et qu'il nous garde, comme sanction nécessaire, la conquête sincère et durable de la liberté.

Joseph De Maistre a donc raison : « Le moyen le plus « efficace de perfectionner l'homme, c'est d'ennoblir et « d'exalter la femme. » (*Du pape*, t. II, p. 127.)

Paris, avril 1868.

J.-C. COLFAVRU.

DU MARIAGE.

Des qualités et conditions requises pour pouvoir contracter mariage.

ANGLETERRE.

La loi anglaise considère le mariage comme un contrat, et elle en subordonne la validité à l'observation des principes et des règles qui sont de l'essence des contrats en général.

Pour contracter valablement mariage, il faut donc satisfaire aux trois conditions ci-après :

1° Consentement des parties ;

2° Capacité des contractants ;

3° Observations des formes et solennités requises par la loi.

Art. 144, *C. Nap.* L'homme avant dix-huit ans révolus, la femme avant quinze ans révolus, ne peuvent contracter mariage.

L'homme à quatorze ans, la femme à douze ans, sont capables de contracter mariage.

C'est là une application maintenue de la loi romaine, dont nous rencontrons d'ailleurs la tradition en France dans notre savant Domat; mais cette tradition s'est naturalisée en Angleterre bien plus par l'influence si longtemps dominante du droit ecclésiastique que par l'autorité du droit de Justinien.

Le droit canon repousse toute règle fixant une limite d'âge à la capacité des parties :

« La loi canonique, dit Stephen (*Commentaire des lois de* « *l'Angleterre*, t. II, p. 244, 3e édition), se préoccupe plus de la

3

« constitution que de l'âge des parties : elle tient pour bon un
« mariage, quel que soit l'âge des époux, s'ils sont dans des
« conditions nubiles, — *habiles ad matrimonium.* »

On trouve même dans Burn (*Droit ecclésiastique*) cette
opinion que, si l'un des contractants était âgé de moins de
sept ans, le mariage serait nul de droit, et que la loi civile à
cet égard est en complet accord avec la loi canonique.

Ce qui permet d'induire que le mariage contracté par des
personnes âgées de plus de sept ans, mais de moins de quatorze ou de douze, ne serait pas nul de droit, mais seulement
susceptible d'être annulé.

Si les époux, devenus majeurs (*full of age*), ne demandent
pas la nullité du mariage contracté dans un âge où la loi les
déclarait incapables, et continuent à vivre ensemble, la continuation de la vie commune sera considérée comme une ratification efficace du contrat, et dispensera les époux d'un
nouveau mariage (Stephen, t. ii, p. 41).

Ici se présente une particularité qu'il est bon de signaler
et qui apparaît comme une étrange contradiction au milieu de
ces habitudes légales et juridiques si différentes des nôtres.

Toute promesse de mariage, en Angleterre, est un contrat
sérieux. On peut en dire ce que nous disons en France de la
promesse de vente ; et celle des parties qui viole la foi donnée
devient passible d'une action en dommages-intérêts au profit
de la victime de sa trahison. Mais il faut que l'auteur de la
promesse violée ait eu, au temps de la promesse, non pas la
majorité spéciale exigée pour le mariage, mais la majorité
exigée pour la validité du consentement dans les contrats en
général, c'est-à-dire, vingt et un ans (Stephen, t. ii, p. 241).

Art. 145, C. Nap. Néanmoins, il est loisible à l'Empereur d'accorder des
dispenses d'âge pour des motifs graves.

On comprend qu'il n'y ait pas lieu, dans le droit anglais,
de recourir aux dispenses dont parle notre art. 145, et que

les habitudes légales, aussi bien que la jurisprudence, remplacent avantageusement cette autorité discrétionnaire, d'ailleurs assez peu justifiable, que notre loi confère au dépositaire du pouvoir exécutif.

Art. 146, *C. Nap.* Il n'y a pas de mariage lorsqu'il n'y a point de consentement.

Il n'y a point de mariage, quand il n'y a pas de consentement réciproque. Mais, pour ce contrat, le plus solennel de tous, qu'est-ce que le consentement d'un jeune garçon de quatorze ans et d'une jeune fille de douze?

Quoi qu'il en soit, il suffira que ce consentement soit établi par l'acte de mariage, même au-dessous de cet âge, pour que sous ce rapport le contrat ait une pleine validité.

Art. 147, *C. Nap.* On ne peut contracter un second mariage avant la dissolution du premier.

L'existence d'un premier mariage est un empêchement absolu à la validité d'un second : *Duas uxores eodem tempore habere non licet.*

Art. 148, *C. Nap.* Le fils qui n'a pas atteint l'âge de vingt-cinq ans accomplis, la fille qui n'a pas atteint l'âge de vingt et un ans accomplis, ne peuvent contracter mariage sans le consentement de leurs père et mère : en cas de dissentiment, le consentement du père suffit.

Les personnes qui n'ont pas atteint l'âge de vingt et un ans doivent obtenir le consentement de leurs parents ou tuteurs, pour pouvoir contracter mariage, à moins qu'elles ne soient veuf ou veuve, le mariage émancipant ceux qui l'ont contracté. Cette émancipation *est la seule* que reconnaisse la loi anglaise. Dans ce cas, les mineurs de vingt et un ans n'ont pas besoin du consentement de leurs auteurs pour contracter un second mariage.

Toutefois, cette prescription de la loi est dépourvue de toute sanction sérieuse.

En effet, le mariage peut se faire à l'insu de ceux qui auraient intérêt à s'y opposer par le refus de leur consentement. La loi n'exige qu'une résidence rigoureuse de sept jours dans la paroisse où doit se contracter le mariage; de plus, elle permet d'obtenir, et l'on obtient facilement, des licences ou dispenses de publication de bans. De sorte que, en fait, tout mariage se peut contracter légalement dans un secret impénétrable aux personnes qui auraient le droit et l'intention de s'y opposer.

Enfin, il suffit de déclarer par serment que l'on a obtenu le consentement requis par la loi, ou qu'il n'existe personne dont on soit obligé de rapporter le consentement, pour que rien ne s'oppose et qu'il soit passé outre à la célébration du mariage.

Mais la désobéissance au vœu de la loi n'entraînerait pas la nullité du mariage : le consentement des père, mère ou tuteur n'est pas considéré comme un élément substantiel du contrat; c'est bien plutôt un témoignage de déférence filiale ou pupillaire, qu'une mesure de protection et de sollicitude ayant pour but de contrôler et d'ajourner la détermination du mineur.

Le statut 26 de Georges II, ch. 33, déclarait nul le mariage des mineurs de vingt et un ans contracté sans le consentement du père ou de la mère non remariée, ou du tuteur. Les statuts de Georges IV (76 et 67), Guillaume IV (ch. 85), adoucissant cette rigueur, ne prononcent pas la nullité du mariage, mais punissent le transgresseur de la loi par la séquestration de sa propriété (Stephen, t. ii, 248).

Cette dernière rigueur elle-même est plutôt comminatoire qu'effective. Les mœurs actuelles en permettraient difficilement l'application.

Art. 149, *C. Nap.* Si l'un des deux est mort, ou s'il est dans l'impossibilité de manifester sa volonté, le consentement de l'autre suffit.

Art. 150, *C. Nap.* Si le père et la mère sont morts, ou s'ils sont dans l'impossibilité de manifester leur volonté, les aïeuls et aïeules les remplacent : s'il y a dissentiment entre l'aïeul et l'aïeule de la même ligne, il suffit du consentement de l'aïeul.

S'il y a dissentiment entre les deux lignes, ce partage emportera consentement.

C'est au père *seul*, et, en cas de décès du père, au tuteur légal, que ce consentement doit être demandé.

S'il n'y a pas de tuteur, c'est à la mère, *non remariée*, que le mineur devra adresser sa demande.

Enfin, si la mère elle-même n'est plus, le consentement sera demandé au tuteur désigné par la Cour de chancellerie.

Art. 151, *C. Nap.* Les enfants de famille ayant atteint la majorité fixée par l'art. 148, sont tenus, avant de contracter mariage, de demander, par un acte respectueux et formel, le conseil de leur père et de leur mère, ou celui de leurs aïeuls et aïeules, lorsque leur père et leur mère sont décédés, ou dans l'impossibilité de manifester leur volonté.

Art. 152, *C. Nap.* Depuis la majorité fixée par l'art. 148 jusqu'à l'âge de trente ans accomplis pour les fils, et jusqu'à l'âge de vingt-cinq ans accomplis pour les filles, l'acte respectueux prescrit par l'article précédent, et sur lequel il n'y aurait pas de consentement au mariage, sera renouvelé deux autres fois, de mois en mois; et un mois après le troisième acte, il pourra être passé outre à la célébration du mariage.

Art. 153, *C. Nap.* Après l'âge de trente ans, il pourra être, à défaut de consentement sur un acte respectueux, passé outre, un mois après, à la célébration du mariage.

Quant à ce que nous appelons en France les actes respectueux, rien d'analogue dans la loi anglaise : la majorité de vingt et un ans affranchit l'homme et la femme de tout patronage légal de la famille et les fait entrer dans la plénitude absolue de leur liberté.

Art. 158. *C. Nap.* Les dispositions contenues aux art. 148 et 149, et les dispositions des art. 151, 152, 153, 154 et 155, relatives à l'acte respectueux qui doit être fait aux père et mère dans le cas prévu par ces articles, sont applicables aux enfants naturels légalement reconnus.

Art. 159, *C. Nap.*. L'enfant naturel qui n'a point été reconnu, et celui qui, après l'avoir été, a perdu ses père et mère ou dont les père et mère ne peuvent manifester leur volonté, ne pourra, avant l'âge de vingt et un ans révolus, se marier qu'après avoir obtenu le consentement d'un tuteur *ad hoc* qui lui sera nommé.

Art. 160, *C. Nap.* S'il n'y a ni père ni mère, ni aïeuls ni aïeules, ou s'ils se trouvent tous dans l'impossibilité de manifester leur volonté, les fils ou filles mineurs de vingt et un ans ne peuvent contracter mariage sans le consentement du conseil de famille.

Les dispositions de la loi française relatives aux enfants naturels reconnus ne rencontrent aucune disposition correspondante dans le droit anglais : la loi anglaise n'admet pas la reconnaissance des enfants naturels, pas même par mariage subséquent.

Art. 161, *C. Nap.* En ligne directe, le mariage et prohibé entre tous les ascendants et descendants légitimes ou naturels, et les alliés dans la même ligne.

Art. 162, *C. Nap.* En ligne collatérale, le mariage est prohibé entre le frère et la sœur légitimes ou naturels, et les alliés au même degré.

Art. 163, *C. Nap.* Le mariage est encore prohibé entre l'oncle et la nièce, la tante et le neveu.

Le mariage est défendu entre parents et alliés au degré prohibé, savoir : en ligne directe à l'infini; entre collatéraux jusqu'au troisième degré *canonique* inclusivement.

Art. 164, *C. Nap.* Néanmoins, il est loisible à l'Empereur de lever, pour des causes graves, les prohibitions portées par l'art. 162 aux mariages entre beaux-frères et belles-sœurs, et par l'art. 163 aux mariages entre l'oncle et la nièce, la tante et le neveu.

Ces prohibitions sont d'ordre public : elles ne peuvent être levées par aucune autorité. Tout mariage qui y contreviendrait serait frappé de nullité *ab initio*.

ÉTATS-UNIS.

La loi générale des États-Unis sur le mariage est dérivée de la loi anglaise; mais le tempérament spécial de cette démocratique civilisation a profondément modifié, depuis quarante ans surtout, la tradition légale de la Grande-Bretagne.

Art. 116, *C. Nap.* Il n'y a pas de mariage lorsqu'il n'y a point de consentement.

La première des conditions substantielles du contrat de mariage, c'est le consentement, et la loi repousse comme n'existant pas tout consentement qui n'aurait été obtenu que par la crainte, la violence, la fraude, l'erreur sur la personne, ou toute circonstance portant atteinte à la libre détermination (Kent, t. ii, p. 43).

Les Cours d'équité, qui remplacent aux Etats-Unis les Cours ecclésiastiques de l'Angleterre, se montrent avec raison sévères dans l'appréciation des circonstances qui peuvent accuser un vice substantiel du consentement.

Art. 144, *C. Nap.* L'homme avant dix-huit ans révolus, la femme avant quinze ans révolus, ne peuvent contracter mariage.

Dans le droit général et traditionnel, l'âge légal du mariage est, comme dans le droit anglais, quatorze ans pour les hommes et douze ans pour les femmes.

La loi suppose qu'à cet âge les parties sont douées d'un discernement suffisant pour s'engager dans le plus sérieux contrat de la vie.

C'est là évidemment, répétons-le, un aveugle respect pour une tradition légale que la raison et l'expérience ne sauraient justifier.

L'esprit pratique de ce grand peuple a bien compris ce qu'il y avait de dangereux et d'immoral dans cette règle : aussi, la plupart des Etats, dans leurs législations privées, ont-ils essayé de modifier cette disposition, qui est une véritable injure à la liberté. Il n'y a de liberté légitime et vraie que là où se rencontre la responsabilité. Or, nulle responsabilité n'est plus haute, n'est plus sacrée, n'a plus besoin de lumière et de raison que la responsabilité qui va avoir pour domaine la famille, et c'est précisément cette responsabilité qui n'aurait pour se préserver et se guider que la faiblesse de la raison à peine éclose et les inexpériences nécessaires et fatales de la vie !

Dans l'Ohio, l'Indiana, le Michigan, l'âge du consentement légal pour le mariage est fixé à dix-huit ans pour les hommes, à quatorze ans pour les femmes ; dans l'Illinois, à dix-sept ans pour les hommes, à quatorze pour les femmes ; dans le Wisconsin, à dix-huit ans pour les hommes, à quinze ans pour les femmes (Kent, t. II, p. 45, notes).

La limite légale du droit anglais a été maintenue dans les autres États : mais on arrivera certainement sur ce point à une législation uniforme et rationnelle.

Comme en Angleterre, tout mariage contracté contrairement à ces dispositions de la loi est susceptible d'être annulé à la demande de l'une des parties, lorsque celle dont le consentement est réputé nul a atteint l'âge légal du discernement ; mais si, passé l'époque de cette majorité, les parties continuent à vivre ensemble, il y aura dans ce fait une présomption *juris et de jure* de ratification qui validera le mariage (Kent, t. II, p. 44).

Art. 147, C. Nap. On ne peut contracter un second mariage avant la dissolution du premier.

L'existence d'un premier mariage est un empêchement absolu à la formation légitime d'un second.

Toutefois, il est à cette règle des exceptions qu'il est intéressant de mentionner ici, parce qu'elles éclairent d'une vive lumière le génie civil trop peu connu de cette originale et progressive civilisation.

Dans l'État de New-York, l'un des époux peut contracter un second mariage : 1° lorsque son conjoint de la première union est depuis cinq années consécutives hors des États-Unis ; 2° lorsque l'un des conjoints d'un premier mariage est absent depuis cinq années consécutives, et que l'autre partie au second mariage ignore la survivance de l'époux absent; 3° lorsqu'il y a eu divorce prononcé pour une cause autre que l'adultère; 4° lorsque le premier conjoint a été condamné à un emprisonnement perpétuel; 5° enfin, toute personne qui a contracté mariage avant l'âge légal peut en contracter un second, le premier étant virtuellement nul, et le fait du second attestant suffisamment la volonté de la partie de profiter de l'immunité qui lui est garantie par la loi.

James Kent fait remarquer (t. II, p. 46) que ces *exceptions*, suivies aux États-Unis, ont été édictées sous Jacques Iᵉʳ d'Angleterre; qu'elles n'ont pour but que d'épargner à la bonne foi les pénalités sévères réservées au crime de bigamie; mais que, en principe, l'existence du premier mariage rend absolument nul le second.

Pourtant la nullité du second mariage ne produira son effet que du jour où elle aura été prononcée par une Cour compétente; et, quant au mariage brisé par une condamnation à l'emprisonnement perpétuel (*for life*), rien, pas même le pardon octroyé au condamné, ne saurait le faire revivre (statuts revisés de New-York. Kent, t. II, p. 46).

Art. 148, *C. Nap.* Le fils qui n'a pas atteint l'âge de vingt-cinq ans accomplis, la fille qui n'a pas atteint l'âge de vingt et un ans accomplis, ne peuvent contracter mariage sans le consentement de leurs père et mère : en cas de dissentiment, le consentement du père suffit.

Art. 149, *C. Nap.* Si l'un des deux est mort, ou s'il est dans l'impossibilité de manifester sa volonté, le consentement de l'autre suffit.

Art. 150, *C. Nap.* Si le père et la mère sont morts, ou s'ils sont dans l'impossibilité de manifester leur volonté, les aïeuls et aïeules les remplacent : s'il y a dissentiment entre l'aïeul et l'aïeule de la même ligne, il suffit du consentement de l'aïeul.

S'il y a dissentiment entre les deux lignes, ce partage emportera consentement.

Art. 151, *C. Nap.* Les enfants de famille ayant atteint la majorité fixée par l'art. 148, sont tenus, avant de contracter mariage, de demander, par un acte respectueux et formel, le conseil de leur père et de leur mère, ou celui de leurs aïeuls et aïeules, lorsque leur père et leur mère sont décédés, ou dans l'impossibilité de manifester leur volonté.

Art. 152, *C. Nap.* Depuis la majorité fixée par l'art. 148 jusqu'à l'âge de trente ans accomplis pour les fils, et jusqu'à l'âge de vingt-cinq ans acomplis pour les filles, l'acte respectueux prescrit par l'article précédent, et sur lequel il n'y aurait pas de consentement au mariage, sera renouvelé deux autres fois, de mois en mois; et un mois après le troisième acte, il pourra être passé outre à la célébration du mariage.

Art. 153, *C. Nap.* Après l'âge de trente ans, il pourra être, à défaut de consentement sur un acte respectueux, passé outre, un mois après, à la célébration du mariage.

Le consentement des parents ou tuteurs est dans le vœu de la loi, mais il n'est point indispensable à la validité du mariage contracté par des mineurs (Kent, t. ii, p. 52).

Dans la plupart des États, la loi se borne à édicter des peines contre les personnes qui célèbrent des mariages sans qu'au préalable les mineurs aient justifié du consentement.

Les *actes respectueux* sont inconnus aux États-Unis comme en Angleterre; et cela est une conséquence logique de l'indifférence de la loi dans ces deux pays en ce qui touche le consentement du père, de la mère ou du tuteur.

Art. 161, *C. Nap.* En ligne directe, le mariage est prohibé entre tous les ascendants et descendants légitimes ou naturels, et les alliés dans la même ligne.

Art. 162, *C. Nap.* En ligne collatérale, le mariage est prohibé entre le frère et la sœur légitimes ou naturels, et les alliés au même degré.

Art. 163, *C. Nap.* Le mariage est encore prohibé entre l'oncle est la nièce, la tante et le neveu.

Art. 164, *C. Nap.* Néanmoins, il est loisible à l'Empereur de lever, pour des causes graves, les prohibitions portées par l'art. 162 aux mariages entre beaux-frères et belles-sœurs, et par l'art. 163 aux mariages entre l'oncle et la nièce, la tante et le neveu.

Aux États-Unis, comme en Angleterre, la loi interdit le mariage entre ascendants et descendants ou alliés, jusqu'au troisième degré canonique (Levitical) inclusivement.

La loi américaine s'est inspirée de sentiments plus humains que la loi anglaise, au regard des enfants naturels.

Art. 158, *C. Nap.* Les dispositions contenues aux art. 148 et 149, et les dispositions des art. 151, 152, 153, 154 et 155, relatives à l'acte respectueux qui doit être fait aux père et mère dans le cas prévu par ces articles, sont applicables aux enfants naturels légalement reconnus.

Art. 159, *C. Nap.* L'enfant naturel qui n'a point été reconnu, et celui qui, après l'avoir été, a perdu ses père et mère, ou dont les père et mère ne peuvent manifester leur volonté, ne pourra, avant l'âge de vingt et un ans révolus, se marier qu'après avoir obtenu le consentement d'un tuteur *ad hoc* qui lui sera nommé.

Art. 160, *C. Nap.* S'il n'y a ni père ni mère, ni aïeuls ni aïeules, ou s'ils se trouvent tous dans l'impossibilité de manifester leur volonté, les fils ou filles mineurs de vingt et un ans ne peuvent contracter mariage sans le consentement du conseil de famille.

La reconnaissance par mariage subséquent est admise dans plusieurs États. Elle est admise dans la Louisiane par acte notarié entre personnes de race blanche, ayant pu, au jour de la naissance de l'enfant, contracter mariage.

Enfin, la règle, dit James Kent (t. II, p. 239), « que le bâ- « tard est *nullius filius,* ne s'applique à lui que par rapport au « droit de succession ; il est admis qu'il ne peut contracter « mariage au degré prohibé (*within the Levitical degrees*) ; « et qu'en cas de minorité, il doit, conformément à l'*act.* 26 « de Georges II, demander le consentement de ses père, mère « ou tuteur. »

Dans le Maryland, l'enfant illégitime partage également avec les enfants légitimes de sa mère la succession de celle-ci (Kent, t. II, p. 238, note).

La loi américaine, en général, se rapproche de la loi française dans sa sollicitude mesurée pour l'enfant naturel. Répudiant la dureté de la loi anglaise, la majorité des États reconnaît à l'enfant naturel certains droits à la succession de sa mère et de son père, et nul doute que les États restés fidèles à l'inflexibilité du droit anglais ne se rangent, dans un avenir rapproché, à la doctrine humaine qui a prévalu dans la législation de la majorité.

CHAPITRE II.

Des formalités relatives à la célébration du mariage.

ANGLETERRE.

Art. 165, C. Nap. Le mariage sera célébré publiquement, devant l'officier civil du domicile de l'une des deux parties.

Le mariage religieux était seul admis en Angleterre, pays de religion d'État; et ce ne fut qu'en 1820, sous Georges IV, qu'il devint loisible aux personnes qui le désiraient, de se marier devant l'officier de l'état civil sans avoir rien à demander à l'autorité ecclésiastique (Stephen, t. II, p. 244, 245).

Le fonctionnaire civil chargé de célébrer le mariage s'appelle *superintendent registrar.*

Toutefois, quel que soit le mode choisi par les futurs époux, civil ou religieux, ils doivent satisfaire aux formalités prescrites par la loi, et qui constituent les garanties publiques et solennelles du mariage.

Art. 166, C. Nap. Les deux publications ordonnées par l'art. 63, au titre *des Actes de l'état civil*, seront faites à la municipalité du lieu où chacune des parties contractantes aura son domicile.

Art. 167, C. Nap. Néanmoins, si le domicile actuel n'est établi que par six mois de résidence, les publications seront faites en outre à la municipalité du dernier domicile.

Art. 168, C. Nap. Si les parties contractantes, ou l'une d'elles, sont, relativement au mariage, sous la puissance d'autrui, les publications seront encore faites à la municipalité du domicile de ceux sous la puissance desquels elles se trouvent.

Art. 169, C. Nap. Il est loisible à l'Empereur ou aux officiers qu'il préposera à cet effet, de dispenser, pour des causes graves, de la seconde publication.

D'après le statut 4 de Georges IV, c. 76 et l'*act* 6 et 7 de Guillaume IV, ch. 36, tout mariage doit être précédé de trois publications de bans, les trois dimanches qui précèdent la célébration (Stephen, *ibidem*).

Ces publications seront faites dans la paroisse choisie par

les époux et où ils auront résidé pendant sept jours au moins avant la première publication.

Les parties peuvent s'affranchir de cette formalité au moyen d'une *licence* que l'on obtient soit de l'autorité ecclésiastique, soit du *superintendent registrar*.

Le mariage religieux doit se célébrer, à peine de nullité, dans la paroisse où les bans ont été publiés, à moins qu'on n'ait obtenu une autorisation spéciale qui permette la célébration dans telle chapelle déterminée.

Les ecclésiastiques sont obligés de tenir un double registre où sont mentionnés les mariages immédiatement après leur célébration ; tous les trimestres, en avril, juillet, octobre et janvier, ils en délivrent une copie dûment certifiée au *superintendent registrar* de leur district : de ces doubles registres une fois remplis, l'un est remis au *registrar*, l'autre demeure aux mains de l'ecclésiastique, pour être conservé avec les autres registres de la paroisse.

Ce registre est gratuitement accessible à toute personne qui désire le consulter.

Les personnes qui veulent se marier civilement adressent au *superintendent registrar* du district dans lequel elles résident depuis sept jours au moins, ou à chaque *superintendent registrar* du district où chacun des futurs demeure, une déclaration exprimant leur intention de contracter mariage, et désignant le district dans lequel doit avoir lieu la célébration.

Cette déclaration est inscrite dans le *Marriage Notice Book* (registre des mariages).

Il est ensuite procédé par l'officier à la publication de cette déclaration une fois par semaine pendant trois semaines consécutives : on n'est dispensé de cette obligation que par l'obtention d'une licence, délivrée par le *superintendent registrar*.

Le mariage est célébré par l'officier public *en présence de deux témoins*, dans le local spécial affecté, en chaque district, à cette destination.

La célébration sera publique et ne pourra avoir lieu qu'entre huit heures et midi, les portes de la maison commune largement ouvertes.

La formule du contrat prononcée par les époux en présence du *registrar* et des témoins est celle-ci : « Je déclare solennellement que je ne connais aucun empêchement qui s'oppose à ce que moi, A. B., je puisse m'unir en mariage à C. D., et je prends à témoin les personnes ici présentes que moi, A. B., je te prends, toi, C. D., pour mon (époux ou épouse). »

Il importe de remarquer que le mariage civil demeure parfaitement distinct du mariage religieux, et qu'il ne saurait y avoir d'immixtion d'une autorité dans le domaine de l'autre.

Ainsi, en ce qui touche les licences qui dispensent de la publication des bans, elles sont délivrées par chaque autorité compétente ; mais le *registrar* ne pourrait délivrer une licence pour un mariage religieux, pas plus qu'un ecclésiastique ne pourrait délivrer une licence pour un mariage civil.

Art. 170, *C. Nap.* Le mariage contracté en pays étranger entre Français, et entre Français et étrangers, sera valable, s'il a été célébré dans les formes usitées dans le pays, pourvu qu'il ait été précédé des publications prescrites par l'art. 63, au titre *des Actes de l'état civil*, et que le Français n'ait point contrevenu aux dispositions contenues au chapitre précédent.

La loi anglaise considère comme réguliers les mariages contractés par les nationaux à l'étranger, s'ils ont été célébrés conformément à la loi du pays où ils ont été contractés.

Les consuls britanniques peuvent, bien entendu, célébrer les mariages de leurs nationaux qui le demandent, et ils ont alors à se conformer aux formalités légales en vigueur dans la mère patrie. Il en est de même des pasteurs attachés aux ambassades ou légations, ou aux armées : ils peuvent, comme dans la mère patrie, célébrer les mariages en observant les prescriptions spéciales de la loi.

Ces mariages, célébrés au dehors, doivent être aussitôt que possible enregistrés en Angleterre, comme témoignage nécessaire de cette modification survenue dans l'état civil des personnes.

L'inobservation des formalités ci-dessus indiquées n'entraîne pas nécessairement la nullité du mariage. La loi n'a prononcé cette nullité que dans le cas où certaines de ces prescriptions ont été intentionnellement méconnues.

De vives controverses ont précédé cette opinion, qui fait loi aujourd'hui.

Kent rappelle à ce sujet une opinion fameuse du jurisconsulte Hubern, qui soutenait que si deux personnes, dans le but de se soustraire aux prescriptions de la loi en Hollande, qui exige le consentement du tuteur ou du curateur, allaient se marier dans une contrée où la loi n'avait pas de pareilles exigences, et revenaient ensuite en Hollande, la justice ne saurait consacrer la validité d'un semblable mariage contracté en violation des lois du pays.

La question se présentait en Angleterre dès 1768, à propos du mariage de sujets anglais, dont l'un était mineur, qui étaient allés se marier en Écosse, afin de profiter des immunités si larges de la loi.

Attaqué devant la Cour ecclésiastique, ce mariage fut déclaré valide, et dès 1776, sir Georges Hay, dans l'affaire Hartford V. Morris, déclarait que la jurisprudence qui reconnaissait la validité de tels mariages avait désormais acquis l'autorité de la loi.

Sont nuls les mariages célébrés dans les circonstances ci-après :

1° Si de propos délibéré (*knowingly and willfully*) les parties se sont mariées sans publication préalable des bans, ou sans licence obtenue de qui de droit ;

2° Si le mariage a été célébré dans une église ou chapelle, ou dans un district autre que ceux où les bans ont été publiés ;

3° Si le mariage a été célébré par des personnes qui n'avaient pour cet objet aucune qualité ;

4° Si le mariage a été célébré clandestinement et en dehors du temps légal (de huit heures à midi).

Le mariage devant le *superintendent registrar* peut avoir lieu avec ou sans licence, mais seulement sur la production du certificat délivré par cet officier.

Si l'on a obtenu une licence, le certificat pourra être délivré sept jours après l'enregistrement de la déclaration de mariage (*notice*); dans le cas contraire, il ne sera délivré qu'après l'expiration du délai de vingt et un jours.

Pendant ce délai, soit de sept, soit de vingt et un jours, toute personne ayant qualité peut faire opposition à la délivrance du certificat, en écrivant ce mot : *forbidden* (opposé) en face de la mention inscrite dans le *Marriage Notice Book*. (Stat. 6 et 7, Guillaume IV, ch. 86, et stat. 1, Victoria.)

Si, dans les trois mois de la déclaration adressée au *superintendent registrar*, le mariage n'a point été célébré, toute la procédure suivie jusque-là sera nulle et de nul effet, et il ne pourra être légalement procédé à la célébration du mariage.

Telle est la législation qui préside à la célébration du mariage en Angleterre et en Irlande.

La loi qui régit le contrat en Écosse est toute spéciale, et ses prescriptions sont loin d'être aussi rigoureuses que celles que nous venons d'analyser.

Dans le mariage religieux, on exige bien la proclamation des bans et la célébration en présence de deux témoins ; mais la cérémonie peut être accomplie en n'importe quel temps, en n'importe quel lieu, et pas n'est besoin d'un autre consentement que celui des parties.

Bien plus, outre ce mariage public, solennel, la loi reconnaît encore comme valable le mariage clandestin, sans publication préalable de bans, pourvu qu'il soit célébré par un prêtre.

Enfin, le simple consentement légalement constaté par la déclaration écrite des parties, suffit pour assurer l'existence et l'efficacité au contrat de mariage.

On cite un monument de jurisprudence célèbre, comme consécration de la validité du contrat de mariage par la seule évidence du consentement réciproque des parties, c'est l'affaire Dalrymple V. Dalrymple.

En 1804, John Dalrymple, depuis comte de Stair, en garnison à Edimbourg, entra en relation avec Mlle Gordon, et tous deux signèrent la déclaration ci-après : « Je déclare par « les présentes que Johanna Gordon est ma femme légitime ; « et je déclare que John Dalrymple est mon époux suivant « la loi. » Peu de temps après, John Dalrymple fut envoyé à l'étranger : son absence dura plusieurs années, et il oublia Mlle Gordon. De retour en 1808, il épousa, suivant le rite et les cérémonies de l'église anglicane, Mlle Laura Manners.

Mlle Gordon n'hésita pas à faire valoir ses droits, et elle réussit à obtenir en 1811 une décision solennelle qui reconnaissait la validité de son mariage, et, par voie de conséquence, annulait absolument le second.

C'est à cette catégorie des mariages empruntant une validité efficace au simple consentement des parties qu'il faut rapporter les mariages connus sous le nom de mariages de *Gretna Green*, singulièrement particularisés par la légende du forgeron.

Vainement a-t-on tenté de supprimer ce mode éminemment

4

national de mariage. Il a fallu respecter les susceptibilités d'une tradition qui n'a pas plus de reproches à se faire que celle qui prétend à une autorité supérieure; et la seule modification qui ait été acceptée, en 1857, à la vieille et vénérable coutume, c'est que désormais nul ne pourrait contracter valablement le *Scotch marriage* s'il ne justifiait d'une résidence préalable de 21 jours en Ecosse, avant la célébration du mariage (stat. 19 et 20 Victoria, c. 85).

ÉTATS-UNIS.

Art. 165, *C. Nap.* Le mariage sera célébré publiquement, devant l'officier civil du domicile de l'une des deux parties.

Art. 166, *C. Nap.* Les deux publications ordonnées par l'art. 63, au titre *des Actes de l'état civil*, seront faites à la municipalité du lieu où chacune des parties contractantes aura son domicile.

Art. 167, *C. Nap.* Néanmoins, si le domicile actuel n'est établi que par six mois de résidence, les publications seront faites en outre à la municipalité du dernier domicile.

Art. 168, *C. Nap.* Si les parties contractantes, ou l'une d'elles, sont, relativement au mariage, sous la puissance d'autrui, les publications seront encore faites à la municipalité du domicile de ceux sous la puissance desquels elles se trouvent.

Art. 169, *C. Nap.* Il est loisible à l'Empereur ou aux officiers qu'il préposera à cet effet, de dispenser, pour des causes graves, de la seconde publication.

Art. 170, *C. Nap.* Le mariage contracté en pays étranger entre Français, et entre Français et étrangers, sera valable, s'il a été célébré dans les formes usitées dans le pays, pourvu qu'il ait été précédé des publications prescrites par l'art. 63, au titre *des Actes de l'état civil*, et que le Français n'ait point contrevenu aux dispositions contenues au chapitre précédent.

Aux États-Unis, nulle formalité n'est requise pour la célébration efficace du mariage; la loi n'exige que le consentement des parties. C'est là une conséquence logique du principe reconnu par le législateur, à savoir, que le contrat de mariage est un contrat du droit des gens. — *Nuptias non concubitus, sed consensus facit* (Dig. 36, 1, 15).

Le mariage n'a, aux États-Unis, aucun caractère religieux; c'est un contrat exclusivement civil.

La déclaration libre des parties devant un magistrat, ou simplement devant témoins, l'aveu ou la reconnaissance subséquents, suffisent pour établir l'existence et la validité du mariage.

La cohabitation constante de l'homme et de la femme se donnant et acceptés comme mari et femme, constitue une sorte de possession d'état que la loi consacre en l'accueillant et en la sanctionnant comme un mariage.

Ce n'est là toutefois qu'une présomption susceptible d'être renversée par un témoignage contraire.

Kent (t. II, p. 56, note) cite les cas de Tuccimalty c. Tuccimalty, de Grotgen c. Grotgen, de Hyde c. Hyde, et il ajoute que les parties qui avaient vécu ensemble pendant vingt ans, considérées dans l'opinion comme maris et femmes, furent reconnues comme tels par la Cour, malgré l'absence d'aucune formalité légale.

Certains États, tels que le Maine, New-Hampshire, Massachusetts, Connecticut, exigent que le mariage soit célébré devant un ecclésiastique ou devant un magistrat, avec consentement des parents ou tuteurs, si les parties n'ont pas atteint l'âge où ce consentement n'est plus nécessaire. Mais l'inobservation de ce vœu de la loi n'invaliderait en aucune façon le mariage ; elle exposerait seulement ceux qui auraient célébré le mariage et les parties elles-mêmes à des pénalités plus ou moins rigoureuses.

Du principe ci-dessus rappelé que le mariage est un contrat du droit des gens, il faut conclure que tout mariage contracté à l'étranger est valide, s'il est célébré conformément à la loi du pays, et qu'à cet égard la maxime *lex loci regit actum* l'emporte sur toute autre.

CHAPITRE III.

Des oppositions au mariage.

———

ANGLETERRE.

Art. 172, C. Nap. Le droit de former opposition à la célébration du mariage, appartient à la personne engagée par mariage avec l'une des deux parties contractantes.

Art. 173, C. Nap. Le père, et à défaut du père, la mère, et à défaut de père et mère, les aïeuls et aïeules, peuvent former opposition au mariage de leurs enfants et descendants, encore que ceux-ci aient vingt-cinq ans accomplis.

Art. 174, C. Nap. A défaut d'aucun ascendant, le frère ou la sœur, l'oncle ou la tante, le cousin ou la cousine germains, majeurs, ne peuvent former aucune opposition que dans les deux cas suivants :

1° Lorsque le consentement du conseil de famille, requis par l'art. 160, n'a pas été obtenu ;

2° Lorsque l'opposition est fondée sur l'état de démence du futur époux : cette opposition, dont le tribunal pourra prononcer mainlevée pure et simple, ne sera jamais reçue qu'à la charge, par l'opposant, de provoquer l'interdiction, et d'y faire statuer dans le délai qui sera fixé par le jugement.

Art. 175, C. Nap. Dans les deux cas prévus par le précédent article, le tuteur ou curateur ne pourra, pendant la durée de la tutelle ou curatelle, former opposition qu'autant qu'il y aura été autorisé par un conseil de famille, qu'il pourra convoquer.

Art. 176, C. Nap. Tout acte d'opposition énoncera la qualité qui donne à l'opposant le droit de la former ; il contiendra élection de domicile dans le lieu où le mariage devra être célébré ; il devra également, à moins qu'il ne soit fait à la requête d'un ascendant, contenir les motifs de l'opposition : le tout à peine de nullité, et de l'interdiction de l'officier ministériel qui aurait signé l'acte contenant opposition.

Art. 177, C. Nap. Le tribunal de première instance prononcera dans les dix jours sur la demande en mainlevée.

Art. 178, C. Nap. S'il y a appel, il y sera statué dans les dix jours de la citation.

Art. 179, C. Nap. Si l'opposition est rejetée, les opposants, autres néanmoins que les ascendants, pourront être condamnés à des dommages-intérêts.

Les personnes dont la loi exige le consentement au mariage des mineurs de 21 ans, père, mère ou tuteur, peuvent s'opposer au mariage.

Ce droit d'opposition, restreint au cas de minorité, et dont le bénéfice est limité à certaines personnes, a pour effet de rendre nulles les publications de bans et d'empêcher la délivrance du certificat du *registrar*.

Les autres causes d'opposition à mariage sont : l'existence d'un précédent mariage, l'état de démence de l'une des parties, la parenté au degré prohibé des futurs époux.

Ce sont là des causes d'opposition qui ont un caractère d'ordre public, et toute personne (*any person*) peut entrer un *caveat*, c'est-à-dire former opposition à la délivrance de licence par l'autorité compétente (Stephen, t. II, p. 250 et note).

Les opposants donneront leurs noms, qualités, domicile, et feront connaître le motif de leur opposition. Il sera statué sur ces oppositions, soit par le juge ecclésiastique, s'il s'agit de mariage religieux, soit par le *superintendent registrar*, s'il s'agit de mariage civil. La décision de celui-ci est susceptible d'appel et, dans ce cas, est déférée au *general registrar* (Stephen, *ibidem*).

Toute opposition est aux risques et périls de la personne qui la produit, et si elle est déclarée vaine et mal fondée, elle peut déterminer contre son auteur une condamnation à des dommages-intérêts.

ÉTATS-UNIS.

Art. 172, *C. Nap.* Le droit de former opposition à la célébration du mariage, appartient à la personne engagée par mariage avec l'une des deux parties contractantes.

Art. 173, *C. Nap.* Le père et, à défaut du père, la mère, et à défaut de père et mère, les aïeuls et aïeules, peuvent former opposition au mariage de leurs enfants et descendants, encore que ceux-ci aient vingt-cinq ans accomplis.

Art. 174, *C. Nap.* A défaut d'aucun ascendant, le frère ou la sœur, l'oncle ou la tante, le cousin ou la cousine germains, majeurs, ne peuvent former aucune opposition que dans les deux cas suivants :

1° Lorsque le consentement du conseil de famille, requis par l'art. 160, n'a pas été obtenu ;

2° Lorsque l'opposition est fondée sur l'état de démence du futur époux : cette opposition, dont le tribunal pourra prononcer mainlevée pure et simple, ne sera jamais reçue qu'à la charge, par l'opposant, de provoquer l'interdiction, et d'y faire statuer dans le délai qui sera fixé par le jugement.

Art. 175, C. Nap. Dans les deux cas prévus par le précédent article, le tuteur ou curateur ne pourra, pendant la durée de la tutelle ou curatelle, former opposition qu'autant qu'il y aura été autorisé par un conseil de famille, qu'il pourra convoquer.

Art. 176, C. Nap. Tout acte d'opposition énoncera la qualité qui donne à l'opposant le droit de la former ; il contiendra élection de domicile dans le lieu où le mariage devra être célébré, il devra également, à moins qu'il ne soit fait à la requête d'un ascendant, contenir les motifs de l'opposition : le tout à peine de nullité, et de l'interdiction de l'officier ministériel qui aurait signé l'acte contenant opposition.

Art. 177, C. Nap. Le tribunal de première instance prononcera dans les dix jours sur la demande en mainlevée.

Art. 178, C. Nap. S'il y a appel, il y sera statué dans les dix jours de la citation.

Art. 179, C. Nap. Si l'opposition est rejetée, les opposants, autres néanmoins que les ascendants, pourront être condamnés à des dommages-intérêts.

Le mariage, aux États-Unis, est, avons-nous vu, un simple contrat du droit des gens ; il n'est assujetti à aucune formalité nécessaire, à aucune célébration solennelle. On suit ici la loi anglaise si peu sanctionnée sur le droit d'opposition au mariage.

CHAPITRE IV.

Des demandes en nullité de mariage.

ANGLETERRE.

Art. 180, C. Nap. Le mariage qui a été contracté sans le consentement libre des deux époux, ou de l'un d'eux, ne peut être attaqué que par les époux, ou par celui des deux dont le consentement n'a pas été libre.

Lorsqu'il y a eu erreur dans la personne, le mariage ne peut être attaqué que par celui des deux époux qui a été induit en erreur.

Art. 181. Dans le cas de l'article précédent, la demande en nullité n'est plus recevable, toutes les fois qu'il y a eu cohabitation continuée pendant six mois depuis que l'époux a acquis sa pleine liberté ou que l'erreur a été par lui reconnue.

L'époux dont le consentement a été obtenu par fraude, violence ou erreur sur la personne, peut demander la nullité du mariage ; mais son droit est forclos, et le mariage est validé, si l'époux bénéficiaire du droit de demander la nullité du mariage a continué la vie commune, après la cessation des causes qui viciaient la liberté de son consentement.

Ainsi que nous l'avons dit, la loi voit dans cette circonstance une ratification qui rend au contrat les éléments nécessaires à sa validité.

Art. 182, C. Nap. Le mariage contracté sans le consentement des père et mère, des ascendants, ou du conseil de famille, dans les cas où ce consentement était nécessaire, ne peut être attaqué que par ceux dont le consentement était requis, ou par celui des deux époux qui avait besoin de ce consentement.

Le défaut de consentement des père, mère ou tuteur des mineurs de vingt et un ans ne peut être un empêchement à leur mariage que s'il y a eu opposition.

Le parjure même des parties mineures de vingt et un ans, ayant prêté serment qu'elles n'avaient à demander le consentement de personne ayant le droit de le refuser, ne serait pas une cause de nullité du mariage.

L'âge nubile est de quatorze ans pour les hommes et de douze ans pour les femmes. Or, nous avons vu que si le mariage a été contracté par les parties au-dessous de cet âge, elles peuvent, toutes deux, ou l'une d'elles seulement, dès qu'elles ont atteint l'âge légal, demander et obtenir la nullité du mariage.

Art. 183, C. Nap. L'action en nullité ne peut plus être intentée ni par les époux, ni par les parents dont le consentement était requis, toutes les fois que le mariage a été approuvé expressément ou tacitement par ceux dont le con-

sentement était nécessaire, ou lorsqu'il s'est écoulé une année sans réclamation
de leur part, depuis qu'ils ont eu connaissance du mariage. Elle ne peut être
intentée non plus par l'époux, lorsqu'il s'est écoulé une année sans réclamation
de sa part, depuis qu'il a atteint l'âge compétent pour consentir par lui-même
au mariage.

Art. 185, *C. Nap.* Néanmoins, le mariage contracté par des époux qui
n'avaient point encore l'âge requis, ou dont l'un des deux n'avait point atteint
cet âge, ne peut plus être attaqué : 1° lorsqu'il s'est écoulé six mois depuis que
cet époux ou les époux ont atteint l'âge compétent ; 2° lorsque la femme qui
n'avait point cet âge, a conçu avant l'échéance de six mois.

Si l'un seulement des conjoints n'avait pas atteint l'âge
nubile, le même droit de demander la nullité du mariage
serait ouvert indistinctement à chacun des époux, le jour de
la majorité de celui qui n'avait pas l'âge légal.

Mais si, après l'avénement des mineurs à la majorité légale,
ils continuent à vivre ensemble, il y a là encore aux yeux de
la loi une ratification du contrat qui rend désormais valide le
mariage, et ne permet plus d'en obtenir la nullité (Bl., *com.*
1, 436; Stephen, t. II, p. 241).

[Art. 184, *C. Nap.* Tout mariage contracté en contravention aux dispositions contenues aux art. 144, 147, 161, 162 et 163, peut être attaqué soit par
les époux eux-mêmes, soit par tous ceux qui y ont intérêt, soit par le ministère
public.

Sont nuls *ab initio* les mariages contractés entre personnes
parentes ou alliées au degré prohibé, c'est-à-dire, en ligne
directe à l'infini ; en ligne collatérale, jusqu'au troisième degré
canonique inclusivement.

Rien ne peut couvrir cette nullité, et elle peut être déclarée
par justice sur la demande des époux ou de toute personne
y ayant intérêt (Stat. 5 et 6, Will. IV, c. 54).

Art. 191, *C. Nap.* Tout mariage qui n'a point été contracté publiquement,
et qui n'a point été célébré devant l'officier public compétent, peut être attaqué par les époux eux-mêmes, par les père et mère, par les ascendants, et par
tous ceux qui y ont un intérêt né et actuel, ainsi que par le ministère public.

Est nul le mariage intentionnellement (*knowingly and*

wilfully) célébré dans un lieu autre que celui dans lequel les bans ont été publiés; intentionnellement célébré sans publication des bans, ou sans obtention préalable d'une licence émanant de l'autorité compétente.

Art. 188, *C. Nap.* L'époux au préjudice duquel a été contracté un second mariage, peut en demander la nullité, du vivant même de l'époux qui était engagé avec lui.

Est nul le mariage contracté par des personnes engagées dans les liens d'un précédent mariage.

Est nul le mariage contracté par un insensé.

Enfin l'impuissance du mari et la stérilité de la femme, antérieures au mariage, sont également une cause absolue de nullité. Mais si ces accidents n'étaient survenus que pendant le mariage, ils n'en altéreraient en rien la validité.

Cette cause de nullité est de droit canonique; les traités du droit civil gardent à ce sujet un absolu silence (Stephen, t. II, p. 239).

Elle ne peut être prononcée par jugement qu'après une cohabitation constatée des époux pendant trois années, à moins que l'impuissance ne résulte d'un phénomène physiologique de nature à ne laisser place à aucune incertitude.

Dans ce cas, la demande en nullité se produit sous la forme d'une action en divorce *a vinculo matrimonii*, et la séparation des parties est prononcée, dit Stephen (t. II, p. 272), *pro salute animarum*.

Art. 194, *C. Nap.* Nul ne peut réclamer le titre d'époux et les effets civils du mariage, s'il ne représente un acte de célébration inscrit sur le registre de l'état civil; sauf les cas prévus par l'art. 46, au titre *des Actes de l'état civil.*

Art. 195, *C. Nap.* La possession d'état ne pourra dispenser les prétendus époux qui l'invoqueront respectivement, de représenter l'acte de célébration du mariage devant l'officier de l'état civil.

Art. 196, *C. Nap.* Lorsqu'il y a possession d'état, et que l'acte de célébration du mariage devant l'officier de l'état civil est représenté, les époux sont respectivement non recevables à demander la nullité de cet acte.

Art. 197, C. Nap. Si néanmoins, dans les cas des art. 194 et 195, il existe des enfants issus de deux individus qui ont vécu publiquement comme mari et femme, et qui soient tous deux décédés, la légitimité des enfants ne peut être contestée sous le seul prétexte du défaut de représentation de l'acte de célébration, toutes les fois que cette légitimité est prouvée par une possession d'état qui n'est point contredite par l'acte de naissance.

Art. 198, C. Nap. Lorsque la preuve d'une célébration légale du mariage se trouve acquise par le résultat d'une procédure criminelle, l'inscription du jugement sur les registres de l'état civil assure au mariage, à compter du jour de sa célébration, tous les effets civils, tant à l'égard des époux qu'à l'égard des enfants issus de ce mariage.

Le mariage peut être prouvé par tous les moyens : témoignages, commune renommée, possession d'état. Le jury est souverain appréciateur des preuves tendant à établir l'existence légale et la validité du mariage.

Art. 201, C. Nap. Le mariage qui a été déclaré nul, produit néanmoins les effets civils, tant à l'égard des époux qu'à l'égard des enfants, lorsqu'il a été contracté de bonne foi.

Contrairement à la loi française, le mariage déclaré nul, quoique contracté de bonne foi, ne produit aucun effet civil favorable aux enfants issus de l'union des époux : ils sont considérés comme bâtards, et destitués de tout droit civil les rattachant à un état légitime.

ÉTATS-UNIS.

On reconnaît deux sortes de causes de nullité du contrat de mariage : les unes ayant une origine canonique, les autres purement civiles.

Art. 184, C. Nap. Tout mariage contracté en contravention aux dispositions contenues aux art. 144, 147, 161, 162 et 163, peut être attaqué soit par les époux eux-mêmes, soit par tous ceux qui y ont intérêt, soit par le ministère public.

Les premières sont : la parenté et l'affinité au degré prohibé, et l'impuissance antérieure au mariage.

Pourtant les mariages affectés de ces principes de nullité produisent tous leurs effets civils s'ils n'ont point été déclarés nuls du vivant des parties.

Les secondes causes de nullité, d'après les *Statuts revisés de New-York*, résultent : 1° du défaut de liberté dans le consentement des parties ; 2° de l'état de minorité légale des contractants ; 3° de l'existence d'un précédent mariage.

Art. 181, C. *Nap.* Dans le cas de l'article précédent, la demande en nullité n'est plus recevable, toutes les fois qu'il y a eu cohabitation continuée pendant six mois depuis que l'époux a acquis sa pleine liberté ou que l'erreur a été par lui reconnue.

Art. 182, C. *Nap.* Le mariage contracté sans le consentement des père et mère, des ascendants, ou du conseil de famille, dans les cas où ce consentement était nécessaire, ne peut être attaqué que par ceux dont le consentement était requis, ou par celui des deux époux qui avait besoin de ce consentement.

Art. 183, C. *Nap.* L'action en nullité ne peut plus être intentée ni par les époux, ni par les parents dont le consentement était requis, toutes les fois que le mariage a été approuvé expressément ou tacitement par ceux dont le consentement était nécessaire, ou lorsqu'il s'est écoulé une année sans réclamation de leur part, depuis qu'ils ont eu connaissance du mariage. Elle ne peut être intentée non plus par l'époux, lorsqu'il s'est écoulé une année sans réclamation de sa part, depuis qu'il a atteint l'âge compétent pour consentir par lui-même au mariage.

Les deux premières causes de nullité civile peuvent être couvertes par la continuation de la vie commune après l'époque où celui qui pouvait se prévaloir du défaut de liberté ou de son état de minorité, a repris l'exercice absolu de sa liberté et atteint sa majorité.

Art. 201, C. *Nap.* Le mariage qui a été déclaré nul, produit néanmoins les effets civils, tant à l'égard des époux qu'à l'égard des enfants, lorsqu'il a été contracté de bonne foi.

Tous ces mariages produiront pour les enfants qui en seront issus, les effets civils de toute union légitime ; et le mariage annulé pour cause de précédent mariage produira les mêmes effets, si l'un des époux était de bonne foi.

Art. 181, *C. Nap.* Tout mariage contracté en contravention aux dispositions contenues aux art. 144, 147, 161, 162 et 163, peut être attaqué soit par les époux eux-mêmes, soit par tous ceux qui y ont intérêt, soit par le ministère public.

D'après les statuts revisés de Vermont, tenus en très-haute estime par les jurisconsultes des États-Unis, les mariages prohibés par la loi pour cause de parenté ou d'affinité, ou de préexistence d'un premier mariage, sont tellement nuls, qu'il n'est pas nécessaire d'en faire prononcer judiciairement la nullité.

Il ne peut plus être question désormais des nullités qui résultaient de l'union entre blanc et nègre, indien ou mulâtre (Kent, t. II, p. 68, note).

CHAPITRE V.

Des obligations qui naissent du mariage.

ANGLETERRE.

Art. 203, *C. Nap.* Les époux contractent ensemble, par le fait seul du mariage, l'obligation de nourrir, entretenir et élever leurs enfants.

Art. 204, *C. Nap.* L'enfant n'a pas d'action contre ses père et mère pour un établissement par mariage ou autrement.

Les parents, dit Stephen (t. II, p. 281), ont trois sortes de devoirs à remplir vis-à-vis de leurs enfants : les nourrir et entretenir (*maintenance*), les protéger, et pourvoir à leur éducation. Rien de plus.

C'est là, ajoute l'auteur, une obligation qui repose en principe sur la loi naturelle, et la loi civile a rigoureusement consacré ce principe et cette obligation.

Art. 206, *C. Nap.* Les gendres et belles-filles doivent également, et dans les mêmes circonstances, des aliments à leurs beau-père et belle-mère; mais cette obligation cesse : 1° lorsque la belle-mère a convolé en secondes noces ; 2° lorsque celui des époux qui produisait l'affinité, et les enfants issus de son union avec l'autre époux, sont décédés.

Les pères, mères, grands-pères et grand'mères, ou enfants de personnes pauvres incapables de pourvoir à leur existence, devront, si leurs ressources le leur permettent, procurer des aliments à celles-ci, dans la proportion et dans la mesure déterminées par justice (La juridiction qui prononce est celle des *quarter session* ou de deux juges *in petty session*).

Toute personne qui se dérobe par la fuite à cette obligation et abandonne ses enfants, est punie par la saisie de ses revenus et de ses biens, qui sont affectés par les surveillants de paroisse au maintien des enfants abandonnés (43, Eliz., c. 2. —59, Georg. III, c. 12, 1 et 26.—4 et 6, Will. IV, c. 76, et 11 et 12, Victoria, c. 110, 1 et 8.

Mais cette obligation est restreinte à la parenté ; elle ne s'applique pas aux alliés du même degré.

Toutefois, aux termes d'un statut 4 et 5, Will. IV, c. 76, 56 et 57, toute personne mariée à une veuve ayant des enfants naturels ou légitimes issus avant le second mariage, doit assistance (*relief*) à ces enfants, qu'il doit *considérer* comme sa propre famille, jusqu'à ce qu'ils aient atteint l'âge de seize ans, ou jusqu'à la mort de leur mère (Stephen, t. II, p. 283). Mais ce n'est là qu'une faveur qu'on ne saurait étendre, et les enfants n'ont d'ailleurs aucun droit successoral sur la fortune du second mari (*Ibidem*).

Art. 208, *C. Nap.* Les aliments ne sont accordés que dans la proportion du besoin de celui qui les réclame, et de la fortune de celui qui les doit.

Les enfants ne peuvent obtenir en justice des aliments que s'ils sont incapables de gagner leur vie, soit à cause de leur âge (*infancy*), soit à cause de maladie ou d'infirmité ; et le magistrat en fixera toujours l'importance en tenant compte de la fortune de la personne obligée à les servir.

Art. 207, *C. Nap.* Les obligations résultant de ces dispositions sont réciproques.

Art. 208, *C. Nap.* Les aliments ne sont accordés que dans la proportion du besoin de celui qui les réclame, et de la fortune de celui qui les doit.

Art. 209, *C. Nap.* Lorsque celui qui fournit ou celui qui reçoit des aliments est replacé dans un état tel, que l'on ne puisse plus en donner, ou que l'autre n'en ait plus besoin en tout ou en partie, la décharge ou réduction peut en être demandée.

Art. 210, *C. Nap.* Si la personne qui doit fournir les aliments justifie qu'elle ne peut payer la pension alimentaire, le tribunal pourra, en connaissance de cause, ordonner qu'elle recevra dans sa demeure, qu'elle nourrira et entretiendra celui auquel elle devra des aliments.

Art. 211, *C. Nap.* Le tribunal prononcera également si le père ou la mère qui offrira de recevoir, nourrir et entretenir dans sa demeure, l'enfant à qui il devra des aliments, devra dans ce cas être dispensé de payer la pension alimentaire.

La loi anglaise ne consacre aucune réciprocité positive en ce qui touche ce droit aux aliments, tout en déclarant que cette réciprocité au profit des ascendants est une obligation naturelle. « La loi dit Stephen (t. II, p. 288-289), n'a pas jugé nécessaire « de déterminer à cet égard les obligations des enfants. Mais « il est reconnu que auteurs et enfants ont le devoir et le droit « de s'assister réciproquement dans les procès qu'ils peuvent « avoir à soutenir. — Aux termes des statuts sur les pauvres « (43, Eliz., c. 2, s. 7;—2, Georg. Ier, c. 8; 4 et 5, Will. IV, c. 76 « et 78), les enfants d'une personne pauvre, âgée, aveugle, estropiée et impotente, ou de tout autre pauvre incapable de travailler, devront, si leurs moyens le leur permettent, maintenir « à leurs frais la personne pauvre, conformément aux prescriptions émanées du juge de paix siégeant en *quarter session.* »

ÉTATS-UNIS.

Les devoirs réciproques qui résultent de la parenté entre les enfants et leurs auteurs, dit Kent (t. II, p. 496), sont écrits dans les sentiments qui vivent au cœur de toute créature humaine; mais la loi positive a pris soin aussi de les sanctionner.

Art. 203, *C. Nap.* Les époux contractent ensemble, par le fait seul du mariage, l'obligation de nourrir, entretenir et élever leurs enfants.

Art. 204, *C. Nap.* L'enfant n'a pas d'action contre ses père et mère pour un établissement par mariage ou autrement.

Les parents ont le devoir de pourvoir au maintien et à l'éducation de leurs enfants légitimes ou légalement reconnus pendant la période de l'enfance et de la jeunesse (*infancy and youth*), conformément à leurs ressources et à leur état.

Art. 205, *C. Nap.* Les enfants doivent des aliments à leurs père et mère et autres ascendants qui sont dans le besoin.

Art. 206, *C. Nap.* Les gendres et belles-filles doivent également, et dans les mêmes circonstances, des aliments à leurs beau-père et belle-mère ; mais cette obligation cesse : 1° lorsque la belle-mère a convolé en secondes noces ; 2° lorsque celui des époux qui produisait l'affinité, et les enfants issus de son union avec l'autre époux, sont décédés.

Art. 207, *C. Nap.* Les obligations résultant de ces dispositions sont réciproques.

Art. 208, *C. Nap.* Les aliments ne sont accordés que dans la proportion du besoin de celui qui les réclame, et de la fortune de celui qui les doit.

Art. 209, *C. Nap.* Lorsque celui qui fournit ou celui qui reçoit des aliments est replacé dans un état tel, que l'un ne puisse plus en donner, ou que l'autre n'en ait plus besoin en tout ou en partie, la décharge ou réduction peut en être demandée.

Art. 210, *C. Nap.* Si la personne qui doit fournir les aliments justifie qu'elle ne peut payer la pension alimentaire, le tribunal pourra, en connaissance de cause, ordonner qu'elle recevra dans sa demeure, qu'elle nourrira et entretiendra celui auquel elle devra des aliments.

Art. 211, *C. Nap.* Le tribunal prononcera également si le père ou la mère qui offrira de recevoir, nourrir et entretenir dans sa demeure, l'enfant à qui il devra des aliments, devra dans ce cas être dispensé de payer la pension alimentaire.

Quant aux aliments que se doivent réciproquement les personnes unies par le lien de parenté, la loi américaine a emprunté leurs dispositions aux statuts rappelés ci-dessus, 43, Eliz., et 5, Georg. Ier.

Mais la loi américaine distingue parfaitement l'obligation réciproque de se fournir des aliments entre personnes adultes, de l'obligation imposée aux pères et mères de maintenir et d'élever leurs enfants.

Art. 203, *C. Nap.* Les époux contractent ensemble, par le fait seul du mariage, l'obligation de nourrir, entretenir et élever leur enfants.

La loi américaine a armé la société d'un droit rigoureux et salutaire, et les parents qui se déroberaient à ce devoir seraient poursuivis afin de donner à leurs enfants les choses nécessaires à la vie et une instruction (*schooling*) conforme à leur situation ; leurs biens séquestrés seraient appliqués à pourvoir à ces besoins supérieurs (Kent, t. ii, p. 197).

Mais cette obligation est limitée à la parenté du sang (*to relations by blood*) ; le mari ne serait pas tenu de fournir des aliments à l'enfant de sa femme issu d'un précédent mariage, non plus qu'à la mère de sa femme.

Toutefois, il est à ce principe une exception en faveur de l'enfant de sa femme que le mari a pris dans sa maison. Par ce seul fait, il est considéré comme tenant lieu de père (*standing in loco parentis*) à cet enfant, et il est tenu de pourvoir à ses besoins et à son éducation, aussi longtemps que, jusqu'à sa majorité, l'enfant habitera avec lui (Kent, t. ii, p. 199).

La femme mariée peut-elle être tenue de fournir des aliments à ses auteurs, lorsqu'en se mariant elle était riche et en situation de satisfaire à cette obligation ? — Kent rappelle à ce sujet une cause célèbre en Amérique, l'affaire *Strange*, et constate que toutes les raisons d'humanité qui militaient en faveur de la demande ont échoué devant l'inflexibilité du droit qui investit absolument, par le seul fait du mariage, le mari de toute la fortune mobilière de la femme. Or, aucun lien de droit n'existant entre alliés, relativement à l'obligation réciproque de fournir des aliments, et la femme n'ayant plus la disposition de ses biens, la demande devait être rejetée.

Il en serait autrement si la femme était séparée de biens (Kent, t. ii, p. 200).

Le père de famille n'est pas responsable des dettes contractées par son enfant mineur, pour se procurer même les choses nécessaires à la vie, à moins qu'il ne soit établi que le père avait négligé de pourvoir à ses besoins (Kent, t. II, p. 201).

A cet égard même, il faut distinguer si le mineur avait dépassé ou non cette première phase de la minorité, quatorze ans, car on n'a pas oublié que la minorité se continue jusqu'à vingt et un ans, en ce qui touche la capacité générale des actes de la vie civile.

La loi américaine a fait une large part, dans sa sollicitude, à la réglementation de ce devoir imposé aux parents, l'éducation de leurs enfants.

« Un père, dit Kent (t. II, p. 205), qui introduit son fils
« dans le monde sans lui avoir donné ni éducation, ni métier,
« ni profession, commet une grosse offense envers le genre
« humain, aussi bien qu'envers sa propre famille, car il
« prive la république d'un utile citoyen et lui lègue un
« fléau. »

Justement exigeante pour assurer aux enfants le bénéfice nécessaire de l'instruction élémentaire, la loi américaine a borné là l'obligation qu'elle impose aux parents.

Art. 204, *C. Nap.* L'enfant n'a pas d'action contre ses père et mère pour un établissement par mariage ou autrement.

Art. 913, *C. Nap.* Les libéralités, soit par actes entre-vifs, soit par testament, ne pourront excéder la moitié des biens du disposant, s'il ne laisse à son décès qu'un enfant légitime ; le tiers, s'il laisse deux enfants ; le quart, s'il en laisse trois ou un plus grand nombre.

Elle permet d'ailleurs aux parents de disposer à leur gré de leur fortune, et cette liberté ne reconnaît aucune limite. Les parents ne doivent donc à leurs enfants aucun établissement ; s'ils le jugent à propos, ils peuvent léguer à un étranger, à l'exclusion de leurs enfants, l'intégralité de leur héritage.

Art. 209, *C. Nap.* Lorsque celui qui fournit ou celui qui reçoit des aliments est replacé dans un état tel, que l'on ne puisse plus ... donner, ou que l'autre n'en ait plus besoin en tout ou en partie, la décharge ou réduction peut en être demandée.

Lorsque la cause qui a ouvert à une personne le droit à des aliments vient à cesser, *cessante causâ cessât effectus ;* la partie qui était obligée de les fournir peut se faire relever de cette obligation.

———

CHAPITRE VI.

Des droits et des devoirs respectifs des époux.

———

ANGLETERRE.

Art. 212, C. Nap. Les époux se doivent mutuellement fidélité, secours, assistance.

Nous disons avec quelque raison, en France, dans notre langage juridique, en parlant du mariage, l'*association conjugale ;* et cette expression s'explique, si elle ne se justifie exactement, par les conditions légales qui président aux rapports, aux droits respectifs des époux.

Dans le droit anglais, cette forme de langage n'aurait aucun sens : elle n'exprimerait même pas une fiction légale. Le mariage, en Angleterre, est pour la femme, comme personne civile, une abdication absolue ; en s'y engageant, elle entre dans une minorité *sui generis,* où, jusqu'à la dissolution du mariage, il n'y aura pour elle aucune émancipation : selon la forte parole du droit, le conjoint de la femme est *réellement* son seigneur (*her lord*).

Et cette seigneurie n'est point une fiction honorifique : elle est un pouvoir, pouvoir dur, despotique, subalternisant la femme, sans discrétion ; et armé contre sa personne d'un droit de châtiment auquel il n'est prescrit qu'une mesure, *celle que la raison indique.* Les mœurs corrigent heureusement cette *raison.*

Art. 213, C. Nap. Le mari doit protection à sa femme, la femme obéissance à son mari.

La garde de la personne de la femme, dit Stephen (t. II, p. 259), appartient de droit au mari, dont le pouvoir, selon d'anciens auteurs, est considéré comme tellement étendu, qu'il lui permet d'infliger à sa femme des corrections modérées. Mais ces auteurs sont aussi d'avis que ce droit doit être renfermé dans de raisonnables limites, et que le mari ne saurait se permettre de violences contre sa femme : « *aliter* « *quam ad virum, ex causâ regiminis et castigationis uxoris* « *suœ licitè et rationabiliter pertinet.* »

« Le droit civil (*civil law*), ajoute Stephen, donne au mari « un droit encore plus étendu sur sa femme ; il lui permet, pour « certains délits, *flagellis et fustibus acriter verberare uxo-* « *rem ;* et, pour d'autres, seulement *modicam castigationem* « *adhibere.* »

Notre auteur, après avoir nettement posé ce principe, déclare que sous le règne plus policé de Charles II, on commença à élever des doutes sur la légitimité de ce pouvoir de correction : aujourd'hui, dit Stephen, la femme peut avoir sécurité contre tout mauvais traitement de son mari, et le respect de la personne est considéré comme une obligation réciproque des époux.

Cependant le culte pour les anciens priviléges de la loi est tel, que les Cours autoriseraient encore le mari à suspendre la liberté de sa femme (*to restrain his wife of liberty*), si celle-ci s'était rendue coupable de quelque grave irrégularité de conduite : ce droit, selon l'auteur anglais, a sa source dans

le devoir que la loi confère au mari de garder la personnè de
sa femme.

Tels sont les principes sur lesquels reposent les rapports
civils des époux en Angleterre. La loi sur le mariage n'y crée
donc pas une société, mais une autorité absolue au profit du
mari. Elle y proclame un maître (*lord*) et une esclave, et la
femme, dans ce nouvel état civil, n'a réellement que des devoirs qui se résument en un seul, obéissance ; elle n'a aucun
droit.

C'est ainsi, et sous le bénéfice de cette restriction, qu'il faut
entendre l'intitulé du chapitre qui nous occupe.

Art. **215**, *C. Nap.* La femme ne peut ester en jugement sans l'autorisation
de son mari, quand même elle serait marchande publique, ou non commune,
ou séparée de biens.

Le mariage, en Angleterre, a pour effet de faire de deux
personnes auparavant distinctes une seule personne légale ; et,
on se le rappelle, le jurisconsulte qui s'occupe des droits con-
stitutifs de cette personne nouvelle, désigne par une expression très-explicite dans son unité la nature de cette création
civile de la loi : Stephen intitule ainsi ce chapitre :

Of the legal IDENTITY *between husband and wife* (de l'IDEN-
TITÉ légale entre le mari et la femme).

Par le mariage donc, le mari et la femme ne forment plus
qu'une seule personne légale, une identité, et dans cette personne l'élément de la femme disparaît au sein de la plus rigoureuse confusion.

Or cette *unité*, cette *identité* légale est une institution d'une
logique inflexible. Le mari ne pourra rien donner à sa femme,
excepté par testament, la libéralité, dans ce dernier cas, ne
devant avoir son effet que le jour où la femme aura re-
couvré sa personnalité distincte, ; il ne pourra consentir
avec elle aucun contrat ; il ne pourra y avoir entre eux

aucune instance judiciaire ; car, ainsi que le fait remarquer Stephen, s'il en était autrement, cela conduirait à la présomption d'une double existence, ce qui est incompatible avec le caractère essentiel du mariage, avec la fiction légale.

Quand la femme voudra se réserver quelques avantages particuliers affranchis de toute atteinte du mari, elle aura recours à la forme du fidéicommis (*trust*) ; et si, pendant le mariage, le mari voulait conférer à sa femme une propriété quelconque, ou passer avec elle un contrat, il ne pourrait le faire qu'en traitant avec des tiers constitués fidéicommissaires de la femme, et qui, à ce titre, stipuleraient pour elle, *mais non en son nom*, sous la simple sauvegarde de la foi, qui, d'ailleurs, garde comme une religion, en Angleterre, la sécurité des fidéicommis.

C'est ainsi que l'on atténue les effets de cette dure législation : c'est le droit prétorien humanisant la loi des Douze Tables. Ne vaudrait-il pas mieux substituer l'esprit moderne, avec son honnête sincérité, à ce vieux droit barbare qui n'a réellement plus qu'une valeur de tradition?

Si la femme ne peut rien par elle-même, si elle est incapable d'exercer aucun droit, elle peut être le mandataire, l'agent de son mari.

La femme mariée, avons-nous dit, entre, par le fait du mariage, sous la dépendance absolue du mari, qui la *couvre* dès lors de sa protection et de sa responsabilité. De là l'expression énergique de *feme covert* (femme couverte), et cette *coverture* détermine les conditions nouvelles dans lesquelles se trouve la femme relativement à sa personne, à ses biens et à l'exercice de ses droits.

La propriété mobilière de la femme, non réservée par elle avant le mariage par la voie d'un fidéicommis, appartient absolument au mari, qui en dispose comme bon lui semble : il peut l'aliéner, l'affecter au paiement de ses dettes.

Il en est de même des revenus des immeubles de la femme.

Art. 1519 à 1563 (1).

Mais la propriété de ces immeubles possédés par la femme avant le mariage, ou qui lui seraient échus depuis, reste tout entière sur la femme, et le mari ne possède qu'au droit de celle-ci (*in right of his wife*).

En cas de prédécès de la femme morte sans enfants, ses biens immeubles passent à ses héritiers ; si elle laisse un ou plusieurs enfants, le père, de leur chef, continue à jouir de l'usufruit de ces immeubles sa vie durant, et l'on dit de lui qu'il est *tenant par la courtoisie d'Angleterre* (*tenant by the curtesy of England*) (Stephen, t. ii, p. 260).

La loi interdisait jadis toute aliénation des immeubles personnels de la femme.—Cette rigueur avait fini par fléchir devant les ruses juridiques justifiées par les besoins des transactions sociales ; et la loi elle-même se détermina à relever le mari et la femme de cette interdiction (Stat. 3 et 4, William IV, c. 74).

La femme fut donc autorisée à aliéner ses immeubles, mais à la condition que le mari concourrait à l'acte, et que l'acte lui-même serait soumis à l'homologation de l'un des quinze juges, maître en chancellerie, ou de deux commissaires désignés *ad hoc* par l'acte (Stephen, t. ii, p. 261).

De plus, la femme sera examinée, hors la présence du mari, par ces magistrats, qui devront s'assurer par eux-mêmes que c'est bien librement que la femme a donné son consentement au contrat.

---

(1) Le Code civil français régit par ces articles les rapports de deux personnes qui ont des droits distincts, deux personnalités séparées.—Rien de semblable dans le droit anglais.— La personne de la femme y disparaît dans celle du mari. — Donc, aucun rapport possible entre les deux législations, et inutilité d'une concordance détaillée des articles de notre Code avec le droit anglais.

Le mari a l'administration excluisve des biens immeubles de la femme ; il fait les baux, mais il ne saurait leur donner une durée préjudiciable aux droits de la femme et de ses héritiers.

La loi offre à la femme mariée, en échange de cette prise de possession si absolue de sa fortune par son mari, ce qu'elle appelle des compensations (*compensatory povisions*).

D'abord, le mari doit la *maintenir* pendant le mariage, et s'il se dérobe à cette obligation, la femme l'y contraindra en s'adressant à la Cour ecclésiastique.

D'autre part, en cas de prédécès du mari, la femme a droit à une pension viagère que le législateur appelle douaire (*dower*) : cette pension est du tiers du revenu de la propriété que le mari possédait au jour de son décès (Stephen, t. II, p. 263).

Voici, à ce sujet, ce que dit M. Gide, dans son excellent ouvrage : *Étude de la condition privée de la femme*, p. 290 et suiv. : « Je veux parler du douaire, qui, conférant à la « femme un droit sur les biens du mari, corrigeait l'excès de « la puissance maritale et rétablissait une sorte d'équilibre « entre les droits des époux. Si, en effet, la loi germanique « et féodale investissait le mari en propriété ou en jouissance « de tous les biens qu'avait la femme au jour du mariage, « cette même loi l'obligeait, en revanche, à confier à la femme « dès le même jour et devant la porte de l'église où se célé- « brait l'union un droit sur ses propres biens. Dès ce mo- « ment, la femme avait, non pas une simple expectative, mais « un véritable droit acquis, auquel aucun acte du mari ne « pouvait plus porter atteinte. A la dissolution du mariage, « elle entrait en jouissance de son douaire. Son droit, il est « vrai, n'était que viager : si le douaire portait sur des fiefs, « les héritiers du mari conservaient, avec la nue propriété et « la seigneurie de ces fiefs, le droit de disposer de la main de

« la douairière, et pouvaient à leur gré l'empêcher de se ma-
« rier ou l'y contraindre. Mais la *Grande Charte* ne tarda pas
« à abolir ce droit odieux et à rendre à la veuve son indé-
« pendance.

« Tel était le douaire, à l'origine. On pourrait supposer, au
« premier abord, qu'une institution si favorable à la femme
« n'a fait que se développer à mesure que la capacité de la
« femme s'est accrue. Il en est tout autrement. Le douaire ser-
« vait de correctif à l'excès de la puissance maritale ; une fois
« que les Cours d'équité et les statuts eurent renfermé cette
« puissance dans de justes limites, il perdit beaucoup de son
« utilité ; et comme, d'ailleurs, il mettait des entraves au com-
« merce en frappant d'inaliénabilité une partie du patrimoine
« du mari, la jurisprudence et les statuts cherchèrent à le
« supprimer dans tous les cas où il cessait d'être nécessaire.
« Ces cas devinrent de plus en plus nombreux, grâce aux
« changements introduits dans les mœurs et dans les lois.
« La fortune mobilière s'accrut par les progrès du commerce,
« et le droit que la loi donnait à la veuve dans la succession
« mobilière du mari acquit par suite plus d'importance. D'un
« autre côté, de nouveaux statuts, en permettant au mourant
« de disposer par testament même de ses immeubles (st. 32,
« Henri VIII, c. 1 ; — Will. IV, st. 7 ; Vict., st. 1, c. 26),
« mettaient le mari à même de pourvoir à son gré aux inté-
« rêts de sa veuve. Enfin, l'introduction des *uses* (fidéicom-
« mis) permit d'assurer à la femme, même pendant le ma-
« riage, une fortune indépendante. Pour y parvenir, dans
« l'origine, le mari devait recourir à des fictions. Il se faisait
« évincer, dans un procès simulé, par celui à qui il voulait
« transférer son bien. Mais, dans la suite, les statuts, suppri-
« mant une fiction puérile, ont permis au mari de priver ou-
« vertement la femme de son douaire, soit en lui assurant
« un autre avantage, soit en vendant ses biens, soit même

« par ur simple déclaration solennelle. Le douaire n'a point
« été aboii; aujourd'hui encore il subsiste dans son ancienne
« forme, mais son application devient de jour en jour moins
« fréquente. »

Art. 215, *C. Nap.* La femme ne peut ester en jugement sans l'autorisation
de son mari; quand même elle serait marchande publique, ou non commune,
ou séparée de biens.

Art. 216, *C. Nap.* L'autorisation du mari n'est pas nécessaire lorsque la
femme est poursuivie en matière criminelle ou de police.

Art. 217, *C. Nap.* La femme, même non commune ou séparée de biens, ne
peut donner, aliéner, hypothéquer, acquérir, à titre gratuit ou onéreux, sans
le concours du mari dans l'acte, ou son consentement par écrit.

Art. 218, *C. Nap.* Si le mari refuse d'autoriser sa femme à ester en jugement, le juge peut donner l'autorisation.

Art. 219, *C. Nap.* Si le mari refuse d'autoriser sa femme à passer un acte,
la femme peut faire citer son mari directement devant le tribunal de première
instance de l'arrondissement du domicile commun, qui peut donner ou refuser
son autorisation, après que le mari aura été entendu ou dûment appelé en la
chambre du conseil.

La confusion absolue de la personne civile de la femme en
celle du mari investit avec une rigoureuse logique ce dernier
de l'exercice de tous les droits de sa femme, même de ceux
résultant de violences, de diffamations, d'injures dont la femme
aurait été victime. La femme, pour quelque cause que ce soit,
ne peut introduire une instance judiciaire, si ce n'est avec le
concours et sous le nom de son mari.

Mais si le mari néglige de faire valoir certains droits de
la femme créés pour elle pendant le mariage (*during coverture*), la loi suspend au profit celle-ci toute prescription durant cette période, et lui accorde un certain délai pour exercer
ses droits, à partir du jour où a cessé pour elle l'état de minorité matrimoniale.

Ce principe général, qui confère exclusivement au mari
l'exercice de tous les droits personnels de la femme, souffre
cependant quelques exceptions. — La femme mariée, agis-
sant en *autre droit*, comme exécutrice testamentaire, par

exemple, ou comme mandataire, devient *feme sole*, et peut agir valablement en dehors de tout concours et de toute autorisation de son mari (Stephen, t. ii, p. 264).

Art. 217, *C. Nap.* La femme, même non commune ou séparée de biens, ne peut donner, aliéner, hypothéquer, acquérir, à titre gratuit ou onéreux, sans le concours du mari dans l'acte, ou son consentement par écrit.

Art. 218, *C. Nap.* Si le mari refuse d'autoriser sa femme à ester en jugement, le juge peut donner l'autorisation.

Art. 219, *C. Nap.* Si le mari refuse d'autoriser sa femme à passer un acte, la femme peut faire citer son mari directement devant le tribunal de première instance de l'arrondissement du domicile commun, qui peut donner ou refuser son autorisation, après que le mari aura été entendu ou dûment appelé en la chambre du conseil.

La femme mariée engage son mari pour les obligations qu'elle a contractées afin de subvenir aux besoins de la vie dans la mesure déterminée par la position sociale des époux. — Il en serait autrement, si le mari avait défendu par une insertion dans les feuilles publiques de faire crédit à sa femme.

Cette responsabilité du mari, engagée ainsi directement par la femme, cesserait d'exister si la femme avait déserté le domicile conjugal sans pouvoir justifier sa séparation de fait par les mauvais traitements dont elle aurait été victime.

Il en serait de même si le mari avait renvoyé sa femme pour cause d'adultère, ou si, pas suite d'une décision de la Cour ecclésiastique, ou d'une convention privée, elle était pourvue elle-même d'une pension régulièrement servie.

Art. 221, *C. Nap.* Lorsque le mari est frappé d'une condamnation emportant peine afflictive ou infamante, encore qu'elle n'ait été prononcée que par contumace, la femme, même majeure, ne peut, pendant la durée de la peine, ester en jugement, ni contracter, qu'après s'être fait autoriser par le juge, qui peut, en ce cas, donner l'autorisation, sans que le mari ait été entendu ou appelé.

Art. 222, *C. Nap.* Si le mari est interdit ou absent, le juge peut, en connaissance de cause, autoriser la femme, soit pour ester en jugement, soit pour contracter.

La femme mariée peut agir *seule* quand il s'agit entre elle et son mari de la compétence de la Cour ecclésiastique ; quand son mari a été condamné à la transportation pour crime de félonie, ou s'il a perdu avec sa nationalité la jouissance des droits civils que la loi accorde aux étrangers ; s'il est devenu *alien enemy.*

Art. 220, *C. Nap.* La femme, si elle est marchande publique, peut, sans l'autorisation de son mari, s'obliger pour ce qui concerne son négoce ; et, audit cas, elle oblige aussi son mari, s'il y communauté entre eux.

Elle n'est pas réputée marchande publique, si elle ne fait que détailler les marchandises du commerce de son mari, mais seulement quand elle fait un commerce séparé.

Enfin, d'après la coutume de la cité de Londres, toute femme mariée peut faire un commerce sous son seul nom, indépendamment de son mari ; elle est, pour les opérations de ce commerce, considérée comme *feme sole*, et peut valablement s'engager pour tout ce qui concerne son industrie (Stephen, t. ii, p. 265 et 266).

Art. 215, *C. Nap.* La femme ne peut ester en jugement sans l'autorisation de son mari, quand même elle serait marchande publique, ou non commune, ou séparée de biens.

Art. 216, *C. Nap.* L'autorisation du mari n'est pas nécessaire lorsque la femme est poursuivie en matière criminelle ou de police.

L'incapacité de contracter et de plaider qui frappe la femme mariée a pour conséquence de la mettre à l'abri de toute action civile qui la menacerait seule et directement pour des causes même antérieures à son mariage. On ne pourra la poursuivre que conjointement avec son mari, et celui-ci devra la couvrir même contre les poursuites dont elle serait l'objet quand elle agit *en autre droit*, c'est-à-dire indépendamment de toute autorisation maritale.

Tel est le droit écrit (*common law*) en Angleterre.

Cette dureté de la loi procède du culte voué par le génie britannique à la tradition.

Mais les Cours d'équité, organes des aspirations progressives de la civilisation, sont intervenues pour adoucir ce régime presque arbitraire qui sacrifiait absolument la personnalité de la femme à la prépondérance injustifiable du droit du mari, et voici comment s'exprime à cet égard Stephen (t. ii, p. 267) :

« Quoique le mari et la femme ne puissent, dans le droit
« commun, contracter l'un avec l'autre, ou se faire directe-
« ment des libéralités, cependant de tels contrats, de tels
« avantages stipulés entre mari et femme sont souvent consi-
« dérés comme efficaces par les Cours d'équité; et ces Cours
« connaîtront aussi de tout fidéicommis (*trust*) créé en fa-
« veur de la femme, soit par le mari, soit par un étranger. Cette
« juridiction s'inspire d'un tout autre esprit que les Cours de
« droit commun dans l'appréciation des droits de la femme ma-
« riée (*feme covert*). En effet, bien qu'en droit commun la pro-
« priété personnelle de la femme passe absolument au mari,
« et que celui-ci ait avec elle un intérêt commun dans sa pro-
« priété immobilière, de telle sorte qu'elle ne peut avoir au-
« cune propriété distincte et privée, cependant, en considé-
« ration du principe d'équité (*in contemplation of equity*),
« elle peut avoir par le moyen d'un fidéicommissaire (*trustee*)
« une propriété distincte et indépendante, quelle qu'elle soit,
« mobilière ou immobilière, à la condition que l'auteur de
« cette libéralité ait nettement déclaré qu'il voulait que la
« femme ait cette propriété pour son usage particulier et per-
« sonnel (*to her sole and separate use*). Et comme c'est un
« principe en équité qu'un fidéicommis ne peut jamais de-
« venir caduc faute de fidéicommissaire, il s'ensuit que lors-
« que l'intention de conférer à la femme un avantage distinct
« et privé est manifeste, elle sera admise en équité à posséder
« une propriété séparée et distincte, lors même que le dona-
« teur aurait oublié d'instituer un fidéicommissaire et que,

« en droit commun, la propriété dût aller au mari; dans ce
« cas, et pour assurer au fidéicommis son efficace réalisation,
« la Cour, s'il est besoin, considérera le mari lui-même
« comme fidéicommissaire. Lorsque la femme, durant le ma-
« riage, devient l'objet d'une libéralité faite dans l'intention
« de la consacrer sous le patronage de l'équité, mais sans la
« mention qu'elle était destinée à l'usage privé de la femme,
« les Cours d'équité suivent la règle du droit commun, et re-
« connaissent au mari le droit de réclamer la libéralité comme
« sa propre chose; toutefois, même dans ce cas, les Cours
« d'équité ne feront droit à sa revendication que sous la con-
« dition qu'il constitue à sa femme sur le fonds même une
« provision convenable, à moins que celle-ci ne jouisse déjà
« d'une propriété suffisante, ou qu'elle ne consente à être
« payée de lui sans condition. Remarquons encore que, à
« l'égard de cette revendication éventuelle par la femme de
« telle propriété à elle donnée pour son usage privé, les Cours
« d'équité lui confèrent la capacité nécessaire, soit pour pour-
« suivre son mari, soit pour défendre à son action. »

Comme conséquence du droit reconnu à la femme de posséder directement toute propriété qui lui est donnée (*to her
separate use*), pour son usage privé, les Cours d'équité lui
donnent le droit d'en disposer selon sa volonté, contrairement aux dispositions si formelles du droit commun; et elles
l'obligent en même temps à satisfaire, à l'aide de cette propriété distincte et séparée, à tous les engagements personnels qu'elle aurait contractés.

Art. 214, C. Nap. La femme est obligée d'habiter avec le mari, et de le
suivre partout où il juge à propos de résider : le mari est obligé de la recevoir,
et de lui fournir tout ce qui est nécessaire pour les besoins de la vie, selon ses
facultés et son état.

La femme est obligée de demeurer avec son mari et de le
suivre en quelque lieu qu'il juge à propos de résider; elle

peut le contraindre à la recevoir et à la traiter selon sa position sociale.

Art. 226, C. Nap. La femme peut tester sans l'autorisation de son mari.

La femme mariée ne peut disposer par testament de sa propriété, soit mobilière, soit immobilière. Elle ne peut tester qu'avec l'autorisation de son mari (7, Will. IV et st. Victoria, c. 26).

ÉTATS-UNIS.

Comme dans le droit anglais, le mari et la femme, sous l'empire de la loi fondamentale des États-Unis, ne forment qu'une seule et même personne civile, et les conséquences légales de cette fiction juridique sont celles que nous avons signalées dans la législation anglaise.

Ainsi, les contrats qui existaient entre le mari et la femme avant leur union se trouvent dissous dans une rigoureuse *confusion* par le seul fait du mariage, et désormais aucun contrat ne sera possible entre les époux, parce que nul ne peut contracter avec soi-même (Kent, t. II, p. 112).

Cette fiction, qui absorbe d'une manière absolue la personne civile de la femme dans celle du mari, ne s'efface que dans de très-rares circonstances ; et seules les Cours d'équité peuvent modifier cette économie rigoureuse du droit commun.

Comme dans le droit anglais, le mari peut faire à sa femme des libéralités testamentaires, parce que de telles dispositions ne devant se réaliser qu'après la dissolution du mariage, le conjoint survivant a repris alors le plein exercice de sa personnalité civile et de ses droits.

Art. 212, C. Nap. Les époux se doivent mutuellement fidélité, secours, assistance.

Art. 213, *C. Nap.* Le mari doit protection à sa femme, la femme obéissance à son mari.

Les époux se doivent réciproquement fidélité, secours, assistance, et quant au devoir d'obéissance de la femme vis-à-vis de son mari, il résulte de cette connexion d'*unité* et d'*identité* qui du mari et de la femme ne fait qu'une seule personne exclusivement représentée par le mari.

Art. 214, *C. Nap.* La femme est obligée d'habiter avec le mari, et de le suivre partout où il juge à propos de résider : le mari est obligé de la recevoir, et de lui fournir tout ce qui est nécessaire pour les besoins de la vie, selon ses facultés et son état.

De là, comme conséquence nécessaire, l'obligation pour la femme d'habiter avec son mari et de le suivre partout où il juge à propos de résider ; de là, aussi, l'obligation pour le mari de recevoir sa femme dans sa maison, de pourvoir à ses besoins suivant sa condition sociale et l'état de sa fortune.

Art. 216, *C. Nap.* L'autorisation du mari n'est pas nécessaire lorsque la femme est poursuivie en matière criminelle ou de police.

L'état civil de la femme pendant le mariage s'exprime, aux États-Unis comme en Angleterre, par le même mot *coverture.* La femme, en puissance de mari, est *couverte* par lui, et cette protection civile est d'une rigoureuse efficacité. La responsabilité civile de la femme n'existe plus ; et, même dans les cas de délits commis par la femme, la responsabilité civile de ces délits n'atteint que le mari.

Art. 220, *C. Nap.* La femme, si elle est marchande publique, peut, sans l'autorisation de son mari, s'obliger pour ce qui concerne son négoce ; et, audit cas, elle oblige aussi son mari, s'il y a communauté entre eux.

Elle n'est pas réputée marchande publique, si elle ne fait que détailler les marchandises du commerce de son mari, mais seulement quand elle fait un commerce séparé.

La femme mariée ne peut être marchande publique et jouir

de l'indépendance mesurée que lui accorde notre loi française.
— Aux États-Unis la femme mariée est incapable d'aucun
engagement, et elle ne peut faire le commerce que comme
mandataire de son mari et sous la responsabilité exclusive de
celui-ci.

La situation de la femme mariée étant ainsi déterminée,
examinons les conséquences civiles qui résultent d'un tel état
de choses par rapport aux biens dont la femme est saisie
avant de contracter mariage.

Le mariage absorbant la personne de la femme dans celle
de l'époux, il n'y a plus qu'un seul propriétaire dans l'association conjugale, et ce propriétaire, c'est le mari.

Les biens mobiliers de la femme, possédés au jo⸱ du mariage comme biens personnels, sont par le fait seul du mariage
acquis au mari, et cette investiture est telle que, le mari
venant à prédécéder, ces biens, malgré leur origine, passent
à ses héritiers ou ayants droit (Kent, t. ii, p. 121).

En ce qui touche la propriété immobilière mais non patri-
moniale de la femme mariée, le droit de prise de possession
du mari n'est plus aussi rigoureux.

Par le mariage, le mari est mis en possession des biens immeubles (*chattels real*) de la femme, et il peut, sans elle, en
disposer comme bon lui semble, de son vivant (*in his life-
time*). Toutefois, la femme a le droit, à cet égard, de stipuler
avec son mari telle restriction au droit de celui-ci, et le consentement du mari à cette réserve est aux yeux de la loi
une limite inviolable à l'exercice de son droit.

Si le mari n'a pas, de son vivant, disposé des biens immeubles de sa femme, il ne peut en faire l'objet de libéralités testamentaires. Dans ce cas, la femme reprend, après la mort du
mari, ces biens comme sa propre chose, dans l'état, bien entendu, où les a laissés le défunt. Toutefois, si le mari avait

grevé de charge (*rent-charge*) ses immeubles, ces charges ne survivraient pas au retour de ces biens en la possession de la femme.

Si le mari, au contraire, survit à sa femme, il devient, après la mort de celle-ci, propriétaire absolu de ces biens qu'il ne possédait pendant le mariage qu'en vertu d'une sorte de droit indivis avec sa femme (*by a kind of joint tenancy with the wife*). (Kent, t. II, p. 121.)

Kent se préoccupe de la situation nouvelle déterminée par le mariage, quand la femme possède au jour du mariage une rente viagère (*life-estate*).

En vertu du principe inflexible qui donne au mari, par le seul fait du mariage, l'investiture absolue de la fortune mobilière de la femme, le mari devient seul bénéficiaire direct de cette rente viagère, dont il touchera les arrérages à sa pleine discrétion.

Quelle sera la durée de ce droit?

L'auteur considère que la rente viagère a pu être constituée de deux façons : ou sur la tête de la femme mariée bénéficiaire, ou au profit de celle-ci sur la tête d'un tiers.

Dans le premier cas, le prédécès de la femme éteint le droit du mari.

Dans le second, le prédécès de la femme, et la survivance de la personne sur la vie de laquelle est constituée la rente, ne modifient pas le droit du mari, qui, nonobstant la dissolution du mariage, jouira QUASI *husband* (comme si époux) de ladite rente, et sa jouissance finira le jour où le contrat de constitution s'éteindra par la mort de la personne sur la tête de laquelle il avait été constitué. (Kent. t. II. p. 121.)

Cette solution a quelque chose de bizarre. Les époux ne sont pas de droit héritiers l'un de l'autre; et ce QUASI *husband*, seul titre qui justifie le privilège conféré au mari survivant, est une particularité légale dont on se rend difficilement raison. Et cependant c'est là une conséquence logique du principe de l'*identity*.

Lorsque la femme, au jour du mariage, est saisie d'une propriété immobilière recueillie par elle dans la succession de ses ascendants (*estate of inheritance in land*), le mari, par le fait du mariage, est lui-même saisi *jure uxoris* de cette propriété, et il en perçoit les revenus pendant la durée du mariage. Toutefois, cette investiture ne donne au mari qu'un droit de jouissance, et il ne peut aliéner l'héritage. — Toute aliénation serait nulle au regard de la femme qui, après la dissolution du mariage, pourrait toujours par elle ou par ses héritiers rentrer dans la pleine propriété de son immeuble.

Art. 215, *C. Nap.* La femme ne peut ester en jugement sans l'autorisation de son mari, quand même elle serait marchande publique, ou non commune, ou séparée de biens.

Le mari exerce seul les actions qui peuvent avoir pour objet la jouissance de l'immeuble de sa femme; mais il ne peut agir qu'*avec elle* dans les causes qui intéressent la propriété (*inheritance.*)

Quand le mari survit à la femme, s'il y a un ou des enfants issus du mariage, il jouit par *courtoisie* (*by the curtesy*), jusqu'à sa mort, de l'immeuble dont la propriété doit faire retour aux héritiers de la femme, qui ne sont saisis jusqu'au décès du père que d'une nue propriété. Si la femme meurt sans enfants, le droit du mari s'évanouit en même temps devant le droit des héritiers de celle-ci.

Tel est le droit général commun aux États-Unis comme législation traditionnelle de la mère patrie.

Jusqu'en 1840, la loi des États-Unis sur le mariage fut la loi de l'aristocratique Angleterre, et elle avait été dans la grande république démocratique aussi immuable qu'à son foyer d'origine.

Mais la justice et le progrès vont vite dans cette merveilleuse civilisation des États-Unis; là, on fait appel à toutes les émancipations, parce que l'on sait par expérience que toute liberté conquise par l'individu est un bénéfice considérable pour la société.

On reconnut enfin que l'émancipation civile de la femme dans le mariage était une œuvre de réparation qui ne pouvait avoir que des avantages, et que l'*identity* de sa personne avec celle de son mari était une institution sans racine et sans justification morales. La justice voulait qu'on restituât la femme mariée à elle-même comme individu, que le mariage cessât d'être pour elle une servitude, et qu'il fût au contraire l'avénement à un état civil apportant à la femme, à côté de responsabilités supérieures, une plus haute perspective d'initiative personnelle, de valeur, de considération et de dignité.

Dès lors, les principes généraux que nous venons de résumer et qui réglementaient uniformément les relations civiles des époux dans le mariage, furent modifiés ou réformés dans d'inégales mesures, mais dans un même esprit par les états les plus prépondérants de la grande Union.

Voici, selon Kent, p. 114, t. ii, l'état du mouvement législatif sur ce grave intérêt.

Art. 216, *C. Nap.* L'autorisation du mari n'est pas nécessaire lorsque la femme est poursuivie en matière criminelle ou de police.

Art. 217, *C. Nap.* La femme, même non commune ou séparée de biens, ne peut donner, aliéner, hypothéquer, acquérir, à titre gratuit ou onéreux, sans le concours du mari dans l'acte, ou son consentement par écrit.

Art. 218, *C. Nap.* Si le mari refuse d'autoriser sa femme à ester en jugement, le juge peut donner l'autorisation.

Art. 219, *C. Nap.* Si le mari refuse d'autoriser sa femme à passer un acte, la femme peut faire citer son mari directement devant le tribunal de première instance de l'arrondissement du domicile commun, qui peut donner ou refuser son autorisation, après que le mari aura été entendu ou dûment appelé en la chambre du conseil.

Art. 220, *C. Nap.* La femme, si elle est marchande publique, peut, sans l'autorisation de son mari, s'obliger pour ce qui concerne son négoce; et, audit cas, elle oblige aussi son mari, s'il y a communauté entre eux.

Elle n'est pas réputée marchande publique, si elle ne fait que détailler les marchandises du commerce de son mari, mais seulement quand elle fait un commerce séparé.

Art. 221, C. Nap. Lorsque le mari est frappé d'une condamnation emportant peine afflictive ou infamante, encore qu'elle n'ait été prononcée par contumace, la femme, même majeure, ne peut, pendant la durée de la peine, ester en jugement, ni contracter, qu'après s'être fait autoriser par le juge, qui peut, en ce cas, donner l'autorisation, sans que le mari ait été entendu ou appelé.

Art. 222, C. Nap. Si le mari est interdit ou absent, le juge peut, en connaissance de cause, autoriser la femme, soit pour ester en jugement, soit pour contracter.

Art. 223, C. Nap. Toute autorisation générale, même stipulée par contrat de mariage, n'est valable que quant à l'administration des biens de la femme.

Art. 224, C. Nap. Si le mari est mineur, l'autorisation du juge est nécessaire à la femme, soit pour ester en jugement, soit pour contracter.

Art. 225, C. Nap. La nullité fondée sur le défaut d'autorisation ne peut être opposée que par la femme, par le mari, ou par leurs héritiers.

Art. 226, C. Nap. La femme peut tester sans l'autorisation de son mari.

Dans le Vermont, une loi de 1847 dispose que les revenus des propriétés immobilières de la femme mariée, dont le mari a la jouissance, ne seront point susceptibles d'être saisis pour les dettes particulières du mari ; que ce dernier ne pourra disposer du droit à ces revenus que par écrit (*deed*) et du consentement de sa femme. Le même acte confère à la femme mariée le droit de disposer par testament de sa propriété immobilière.

Dans le Connecticut, aux termes d'une loi de 1849, toute propriété personnelle arrivant au mari du chef de sa femme par legs ou succession est considérée comme un fidéicommis confié au mari au profit de la femme; le mari en a la jouissance pendant la durée du mariage, mais il ne peut l'engager que pour acquitter les dettes contractées pour l'avantage de sa femme et de ses enfants. — Le transport et la cession de cette propriété ne sont valables que s'ils sont faits *conjointement* par la femme et par le mari.

D'après cette même loi, les droits du mari aux revenus des immeubles de sa femme ne peuvent être saisis pendant la vie de celle-ci et de ses enfants, et la femme peut recevoir seule les émoluments, rémunération de son travail.

Dans l'Alabama, l'altération du principe est plus profonde encore.

Depuis 1850, toute propriété possédée par la femme au jour de son mariage ou acquise par elle depuis, demeure sa propriété distincte et séparée (*her separate property*).

Cette propriété n'est remise au mari qu'en fidéicommis (*in trust*); il n'en peut disposer que conformément aux lois générales qui régissent le fidéicommis; il peut disposer des revenus sans être tenu de rendre compte à sa femme; mais cette propriété et ses revenus ne peuvent devenir le gage des créanciers du mari.

Si le mari se rend coupable d'injures envers sa femme, ou s'il viole le fidéicommis; s'il devient hors d'état de le remplir, la Cour peut déclarer la femme en possession du libre exercice de ses droits (*free dealer*), ce qui lui donne la capacité de la *feme sole*.

La propriété de la femme ne peut être aliénée que conjointement par elle et son mari.

En ce qui concerne les obligations contractées au profit et pour satisfaire aux besoins de la famille, et au paiement desquelles, en droit commun, le mari était seul tenu, le mari et la femme sont conjointement responsables.

Si la femme meurt intestat, le mari succède en propriété à la moitié de ses biens mobiliers, et en usufruit à la moitié de ses biens immeubles.

Au décès du mari, si la propriété personnelle de la femme représente l'équivalent du douaire auquel elle a droit, elle ne pourra prétendre à aucun douaire; si cette propriété est inférieure au douaire, il lui sera remis une somme suffisante pour parfaire le douaire.

Dans le *Massachussetts*, une loi de 1855, amendée en 1857,

reconnaît à la femme mariée le droit de posséder personnellement, comme si elle était *feme sole*, toute propriété personnelle ou réelle, soit que cette propriété lui appartînt avant le mariage, soit que depuis cette époque elle lui soit échue par héritage, par testament, legs ou libéralité entre-vifs de toute personne autre que son mari.

Elle peut vendre ou transporter sa propriété mobilière ou immobilière, avec le consentement par écrit de son mari, ou en cas de refus de ce dernier, avec le consentement de l'un des juges de la Cour suprême. Elle peut faire un testament, mais elle ne peut léguer au préjudice de son mari plus de la moitié de sa propriété personnelle, sans son consentement écrit, et il lui est interdit de priver son mari, par testament, de ses droits résultant de la tenure par courtoisie (Kent, t. II, p. 176, note).

Elle peut se livrer à tels commerce ou industrie que bon lui semble, et les bénéfices qu'elle retire de son travail sont sa seule et exclusive propriété. Mais elle ne peut engager son mari par aucune des obligations qu'elle contracte pour son commerce ou ses affaires.

Elle peut poursuivre ou être poursuivie comme si elle était *feme sole*.

Dans le *Mississipi*, aux termes d'une loi de 1839, la femme mariée peut être saisie de toute propriété, réelle ou personnelle, par libéralité testamentaire ou entre-vifs, ou par acte à titre onéreux; elle possède cette propriété en son propre nom et en a la pleine et libre disposition.

Toutefois, il faut que cette propriété ne lui vienne pas de son mari avant le mariage.

Au *Texas*, la femme a la propriété distincte des biens qu'elle possédait avant le mariage ou qui lui sont échus depuis. Mais le mari en a l'administration.

En *Californie*, d'après une loi de 1850, la femme est propriétaire distincte de toute propriété réelle ou personnelle dont elle était saisie avant le mariage ou qui lui est échue depuis par succession, testament ou donation. Toute propriété acquise pendant le mariage à l'un ou l'autre des époux, par d'autres voies que celles ci-dessus exprimées, est réputée propriété commune. Il en est de même des revenus des propriétés distinctes des époux. La loi n'y consacre plus aucun droit de tenure par courtoisie au profit du mari, aucun droit de douaire au profit de la femme. A la dissolution de la communauté déterminée par le décès de l'un des époux, la moitié de la propriété commune va au survivant, et l'autre aux descendants du défunt, à la charge de payer les dettes de ce dernier. Si le défunt ne laisse aucun descendant, la propriété passe tout entière au survivant (Kent. t. ii, p. 115, note).

Dans l'État de New-York, une loi a été passée le 7 avril 1848, amendée le 11 avril 1849, sous ce titre : « *Acte pour la protection plus efficace de la propriété des femmes mariées.* »

Voici les remarquables dispositions de ce bill (Kent, t. ii, p. 115, note) :

1. Désormais toute femme mariée aura la propriété particulière et distincte de ses biens, comme si elle était femme libre ; elle ne sera point assujettie au paiement des dettes de son mari, ni soumise à sa volonté discrétionnaire.

2. Toute femme mariée peut hériter ou recevoir par donation ou autrement, de toute personne autre que son mari, et elle possède sa propriété et peut en disposer comme si elle n'était pas mariée.

3. En conséquence, les femmes mariées qui ne possédaient que par le moyen de fidéicommis, peuvent se faire remettre la propriété par les fidéicommissaires et en disposer en toute liberté.

4. Les contrats de mariage produisent leur effet après l'accomplissement du mariage.

Un acte du 20 mars 1860 a donné aux droits de la femme

mariée un développement et une garantie plus grands
encore.

La femme mariée peut acheter, vendre, céder, transporter
sa propriété, *personnelle* ou *mobilière;* elle peut entreprendre
et conduire personnellement tout commerce, toute industrie,
sous sa seule responsabilité et pour son propre compte; les
bénéfices, revenus, qu'elle tire de ces transactions ou opérations, constituent sa propriété exclusive et séparée, et elle en
use ou dispose en son propre nom. — Elle ne peut disposer
de sa propriété immobilière qu'avec le consentement écrit de
son mari; en cas de refus de ce dernier, elle peut se pourvoir
devant la Cour de comté qui l'autorisera, après vérification
de certains faits (Kent, t. II, p. 116, note).

Elle peut seule engager un procès ou défendre à des poursuites concernant sa propriété personnelle; elle peut, en son
propre nom, introduire une instance en dommages-intérêts contre toute personne ou toute collectivité, pour réparation de préjudice causé à sa personne ou à son caractère; et les indemnités
qu'elle peut recueillir par jugement sont sa propriété (*ibidem*).

Au décès de l'un des deux époux, s'il n'y a pas d'enfant
mineur, le survivant a l'usufruit viager du tiers de la propriété immobilière du defunt; si le décédé laisse un ou plusieurs enfants mineurs, sans avoir fait aucune disposition
testamentaire, l'époux survivant jouit de toute la propriété du
défunt, jusqu'à la majorité des enfants, et après cette époque
sa jouissance est réduite au tiers, comme il vient d'être dit
(*ibidem*).

Dans le *Maine*, un statut de 1852 autorise les femmes mariées à posséder en leur nom telle propriété qui peut leur
échoir et à en disposer sous leur propre nom (*ibidem*).

Dans le *New-Jersey*, depuis 1852, la femme conserve la
propriété qu'elle possédait lors de son mariage, et elle a le
droit d'acquérir et de posséder comme si elle n'était pas

mariée. Il est interdit au mari de recueillir, pour son profit personnel, un legs fait à sa femme.

Dans le *Maryland*, depuis 1853, la propriété réelle et personnelle qui appartient à la femme à l'époque de son mariage, ou qu'elle peut acquérir ultérieurement par succession, legs ou donation, ne peut être grevée de dettes du mari, pourvu que ces biens n'aient pas été donnés par le mari à sa femme en fraude des droits de ses créanciers (Kent. t. II, p. 117, notes).

Dans le *Kentucky*, depuis 1856, la propriété immobilière de la femme ne peut plus être engagée au paiement des dettes de son mari (Kent, *ibidem*).

Ainsi, dans la généralité des États de l'Union, la réparation juridique est venue pour la femme mariée : elle a été relevée de sa minorité séculaire ; l'*identity* a été remplacée par la reconnaissance de la personne civile de la femme, distincte de celle de son mari, et ayant comme celle-ci, en ce qui touche sa propriété, le libre exercice de ses droits.

Du même coup se sont trouvées modifiées les règles de subordination absolue qui assuraient, en retour de sa déchéance, l'irresponsabilité de la femme mariée vis-à-vis des tiers.

Quand le mariage investissait de droit le mari de la propriété mobilière de sa femme et du revenu de ses immeubles, le mari était nécessairement responsable des dettes contractées par sa femme avant le mariage ; et sous ce régime, il se produisait d'étranges situations. Si la femme décédait avant que ses créanciers antérieurs au mariage eussent pu obliger le mari à les rembourser, la responsabilité du mari cessait du jour du décès de sa femme, mais il demeurait saisi définitivement de l'avoir de celle-ci. — Ainsi la mort de la femme déterminait la perte du gage légitime de ses créanciers. C'était pousser un peu loin la logique de l'*identity*. D'autre part, si le mari prédécédait, ses héritiers s'enrichissaient de sa fortune, qui avait pour origines le mariage et la dépossession de la femme, mais ils n'avaient aucune responsabilité à subir de la part des créanciers de celle-ci. La femme survivante demeurait bien responsable vis-à-vis de ces derniers; mais comme le mariage l'avait dépouillée elle-même au profit exclusif de son mari, elle survivait à celui-ci sans fortune, et sans moyen de satisfaire à ses obligations.

Une aussi monstrueuse anomalie avait soulevé la réprobation des meilleurs esprits, et la magistrature, en appliquant la loi, faisait des vœux pour qu'on en modifiât les dispositions. Ce fut l'œuvre des trente dernières années.

La loi donnait encore au mari l'investiture de ce que l'on appelle *choses in action*, appartenant à la femme avant le mariage.

Kent définit les *choses in action* « des droits personnels « non réalisés (*not reduced to possession*), mais suscep-« tibles d'être recouvrés en justice. Sous cette dénomination « on comprend toute obligation de payer reconnue par billet « ou autre forme de contrat, toute indemnité pour préjudice « causé. » (Kent, t. ii, p. 449.)

C'est ce que nous appelons, nous, droits litigieux. C'est le droit de créance, le *jus ad rem.*

La souveraineté si absolue que la loi conférait au mari dans l'union conjugale et que le dernier mouvement législatif a limitée avec tant de justice et de raison, avait pour conséquence un ensemble d'obligations que la loi appelle les devoirs du mari (*the duties of the husband*).

Le mari était responsable des dettes contractées par la femme avant le mariage (*before coverture*); mais si le paiement de ces dettes n'était pas réclamé pendant le mariage, il en était déchargé (Kent. t. ii, p. 136).

Cette exorbitante disposition de la loi avait fréquemment provoqué l'indignation des magistrats, témoins des plus audacieuses spoliations.

Comme nous venons de le voir, le législateur est venu au
secours de la morale offensée; en rendant à la femme le droit
de posséder librement pendant le mariage, il lui a rendu
comme conséquence et sanction de son droit la responsabilité
civile et efficace de ses engagements ; il a dégagé sa dignité
et son honneur de toute complicité dans les déloyales et frau-
duleuses spéculations d'un mari sans scrupule et sans probité.

Le mari doit maintenir sa femme (*maintain her*) c'est-à-
dire pourvoir à ses besoins, conformément à son rang et à sa
position sociale.

Il doit acquitter les dettes et remplir les engagements
qu'elle a contractés pour ses propres besoins, mais seulement
dans une juste et raisonnable mesure. Il est présumé y avoir
consenti. Mais sa responsabilité cesserait s'il avait fait connaître une détermination contraire à cette présomption (Kent,
t. II, p. 139).

Le mari qui abandonne sa femme ou qui la renvoie du domicile conjugal, ou qui se sépare d'elle d'un consentement
réciproque, sans la pourvoir d'aucune ressource, est obligé de
la maintenir, et serait tenu des dettes qu'elle aurait contractées pour vivre (*ibidem*).

La femme perd tout droit à ce bénéfice si elle abandonne
son mari, à moins que ce ne soit pour se soustraire à ses
mauvais traitements (*ibidem*).

Ce fut une question résolue pendant longtemps en sens divers que celle de savoir si la femme qui a abandonné son mari,
sans qu'on ait relevé contre elle la preuve de l'adultère, peut
obliger le mari à la recevoir, et, en cas de refus de celui-ci, à
payer les fournisseurs auxquels elle s'est adressée pour en obtenir les choses nécessaires à la vie (*necessaries*). La jurisprudence s'est fixée dans le sens de l'affirmative, et elle s'est ainsi
séparée de la jurisprudence anglaise qui avait fait pendant
longtemps autorité aux Etats-Unis (Kent, t. II, p. 140, 141).

L'une des conséquences plus rigoureuses et plus logiques que raisonnables du principe qui absorbait dans celle du mari la personnalité civile de la femme par la *coverture*, c'était de rendre le mari civilement responsable, comme en Angleterre, des actes frauduleux ou délictueux commis par la femme pendant le mariage.

La femme a repris possession de sa responsabilité, et le mari s'en trouve conséquemment affranchi.

Une femme mariée peut acquérir un immeuble sans le consentement de son mari, si celui-ci n'a manifesté par aucun acte son opposition, et elle peut, après le décès de ce dernier, maintenir la convention ou y renoncer (Kent, t. II, p. 144).

Dans l'État de New-York une femme mariée peut aliéner son immeuble ; mais cette aliénation ne peut avoir lieu que par contrat (*deed*), hors la présence du mari, et sous la protection du magistrat qui s'assurera que la femme agit dans sa pleine et entière liberté : hors l'état de New-York, la femme peut, avec le consentement de son mari, aliéner un immeuble à elle appartenant, comme si elle était *feme sole* (Kent, t. II, p. 146-147).

La femme dont le mari est banni ou a quitté le pays sans esprit de retour, peut contracter et ester en justice, comme si elle n'était pas mariée.

Il en serait de même d'une femme mariée dont le mari serait étranger et domicilié hors des États-Unis.

La même faculté est reconnue à la femme séparée de corps (*divorced a mensâ et thoro*).

La jurisprudence avait été plus loin encore. — Elle avait suivi une décision célèbre rendue par lord Mansfield en Angleterre (Aff. Corbett, C. Poelnitz), et aux termes de laquelle une femme mariée, séparée de son mari par un consentement réciproque, et ayant une fortune indépendante affranchie de tout contrôle de son mari, pouvait contracter utilement et ester en justice comme si elle était *feme sole.*

Mais l'opinion contraire a fini par rallier tous les esprits : l'on est revenu au principe que, tant que le mariage existe, la femme ne peut jouir d'aucune des libertés acquises à la femme qui n'est point engagée dans les liens du mariage (Kent, t. II, p. 155, 156).

Le droit traditionnel des États-Unis, réflexion exacte du droit de la mère patrie, interdisait aux femmes mariées le droit de disposer par testament, à moins d'autorisation de leur mari.

Il n'y avait d'exception que pour les biens que la femme s'était, avant le mariage, constitués en fidéicommis ; elle en pouvait disposer librement comme si elle était *feme sole.*

Mais ces principes ont subi de profondes modifications dans la plupart des États, par suite de l'émancipation civile des femmes mariées.

Dans les États de l'Ohio, du Maryland, du Connecticut, de l'Illinois, de New-York, les femmes mariées peuvent disposer de leur propriété par testament, comme si elles n'étaient pas engagées dans le mariage (Kent, t. IV, p, 613, 614 et note, et t. II, p. 174, note).

Toutefois, il ne faut pas oublier que ces modifications profondes, qui ont si heureusement réalisé au profit de la femme mariée ce qui nous apparaît comme une réparation, une justice et une garantie, sont limitées à la propriété personnelle de celle-ci, et que, d'ailleurs, la tradition qui consacre la suprématie absolue du droit directeur du mari conserve tout son empire.

CHAPITRE VII.

Du divorce, de la séparation de corps et de la séparation de biens.

———

ANGLETERRE.

La loi qui régit le divorce et la séparation de corps et de biens est de date récente : elle est écrite dans deux actes du Parlement ; l'un 20 et 21 Victoria, ch. 85, du 28 août 1857 ; l'autre 21 et 22, Victoria, ch. 108, du 2 août 1858.

Cette législation nouvelle s'est particulièrement inspirée du génie de la nôtre.

Dans l'ancien droit, le terme *divorce* ne signifiait pas seulement rupture, anéantissement du lien matrimonial; mais aussi relâchement de ce lien, séparation de corps.

On distinguait alors le divorce *a vinculo matrimonii* (c'était notre divorce avant la loi du 8 mai 1816), et le divorce *à mensâ et thoro* (c'est notre séparation de corps).

Le premier genre de divorce entraînait la dissolution du mariage, soit parce que l'union avait été contractée en violation des principes d'ordre public qui défendent, sous peine de nullité, le mariage entre personnes et dans des circonstances déterminées ; soit parce que des faits personnels à l'un des époux, tels que l'adultère, avaient révélé la violation du contrat et autorisé l'époux outragé à reprendre sa liberté.

L'annulation du mariage pour transgression des lois qui en empêchaient l'accomplissement ne se pouvait poursuivre que devant la Cour ecclésiastique; juridiction exceptionnelle qui se rattachait au passé, et qui a pesé sur ce pays si longtemps attardé, dans son essor des libertés civiles, par le fanatisme énervant de la tradition.

Sous l'ancienne législation, la Cour ecclésiastique ne brisait les mariages que pour cause de nullité ; jamais elle ne prononçait le divorce pour cause postérieure au mariage, pas même pour adultère, et cela, dit Stephen, t. II, p. 273, « par l'excellente raison que si le divorce était ainsi laissé à « la discrétion de l'un des époux, il serait d'une application « beaucoup trop fréquente. »

Cette « excellente raison » soulève un problème considérable ; et quand l'esprit, se dégageant de tout préjugé, soumet à une critique impartiale et désintéressée la réflexion du juriste anglais, il arrive à une solution plus favorable au droit récent qui a nettement condamné les scrupules théocratiques du droit canon.

Ce que la juridiction ecclésiastique refusait, le pouvoir civil, plus intelligent de certaines nécessités sociales, n'hésitait pas à l'accorder.

La chambre des Lords, cet élément suprême et souverain du pouvoir judiciaire en Angleterre, connaissait des demandes en divorce *à vinculo matrimonii* pour cause d'adultère ; et, quand il y avait lieu, elle rendait un *bill* qui brisant le mariage, restituait à chacune des parties sa pleine indépendance.

Le second genre de divorce, divorce *a mensâ et thoro*, était de la compétence de la Cour ecclésiastique. Il pouvait être prononcé pour sévices, adultère, condamnation du mari convaincu de crime contre nature.

Enfin, la loi reconnaissait encore la séparation volontaire qu'elle appelait *separate maintenance*. Les époux étaient autorisés à vivre séparés l'un de l'autre ; la femme était pourvue de fidéicommissaires (*trustee*), qui traitaient avec le mari de la somme d'argent nécessaire à celle-ci pour ses besoins personnels, et était désormais armée contre lui, à cet égard, d'un droit aussi efficace que celui qui résulte du contrat le plus solennel.

La femme renonçait, de son côté, à toute réclamation de douaire ou autre contre son mari.

Depuis 1857, cette incohérente législation n'est plus que de l'histoire.

Voyons comment les deux actes récents du Parlement précités, ont modifié cet état de choses et réglé pour l'avenir la solution de si graves questions.

L'acte de Parlement du 28 août 1857 distingue le divorce et la séparation de corps ; et supprimant toute juridiction ecclésiastique, il crée pour la connaissance de toutes instances en nullité de mariage, en divorce, en séparation de corps et en séparation de biens, une Cour spéciale qu'il appelle *the Court for divorce and matrimonial causes.*

Cette Cour se compose du lord chancelier, du lord *chief justice* (président), de la Cour du banc de la reine, du lord *chief justice*, de la Cour des plaids communs, du lord *chief baron* de la Cour d'Echiquier, du juge le plus ancien de chacune de ces trois Cours, et du juge de la Cour de *probate*, qui est le *juge ordinaire* de la Cour.

Toute décision de cette Cour, pour être valable, doit être rendue par trois juges au moins, parmi lesquels le *juge ordinaire* (sect. 4, 5, 10).

Le divorce, sous l'empire de la nouvelle loi, ne s'applique plus qu'à la dissolution du mariage, et il produit tous les effets que produirait la mort de l'un des deux époux.

Art. 229, C. *Nap.* Le mari pourra demander le divorce pour cause d'adultère de sa femme.

Art. 230, C. *Nap.* La femme pourra demander le divorce pour cause d'adultère de son mari, lorsqu'il aura tenu sa concubine dans la maison commune.

L'adultère prouvé est une cause de divorce ; toutefois, il faut distinguer, à ce sujet, entre le mari demandeur et la femme demanderesse. L'adultère ne sera pour celle-ci une cause de divorce contre le mari que si l'adultère de ce dernier a *été incestueux*, c'est-à-dire, si le mari a eu pour complice une personne avec laquelle la loi lui interdit le mariage.

L'adultère non incestueux reproché par la femme au mari peut devenir une cause de divorce, s'il est accompagné de certaines circonstances qui en augmentent la gravité, telles que la bigamie, la sodomie, la bestialité, la cruauté, l'abandon sans excuse pendant plus de deux années.

Art. 246, *C. Nap.* Au jour et à l'heure indiqués, sur le rapport du juge commis, le ministère public entendu, le tribunal statuera d'abord sur les fins de non-recevoir, s'il en a été proposé. En cas qu'elles soient trouvées concluantes, la demande en divorce sera rejetée : dans le cas contraire, ou s'il n'a pas été proposé de fins de non-recevoir, la demande en divorce sera admise.

Art. 272, *C. Nap.* L'action en divorce sera éteinte par la réconciliation des époux, survenue soit depuis les faits qui auraient pu autoriser cette action, soit depuis la demande en divorce.

Art. 273, *C. Nap.* Dans l'un et l'autre cas, le demandeur sera déclaré non recevable dans son action ; il pourra néanmoins en intenter une nouvelle pour cause survenue depuis la réconciliation, et alors faire usage des anciennes causes pour appuyer sa nouvelle demande.

Art. 274, *C. Nap.* Si le demandeur en divorce nie qu'il y ait eu réconciliation, le défendeur en fera preuve, soit par écrit, soit par témoins, dans la forme prescrite en la première section du présent chapitre.

Toutefois, la poursuite du mari ou de la femme en divorce peut être déclarée non recevable si le défendeur peut relever et justifier contre le demandeur certaines circonstances dont les auteurs réduisent le nombre à onze : 1° provocation à l'adultère par complaisance ou excitation ; 2° connivence ; 3° collusion ; 4° pardon ; 5° récrimination ; 6° cruauté ; 7° abandon ; 8° séparation volontaire et obstinée ; 9° délaissement conjugal (*wilfull neglect*) ; 10° mauvaise conduite ; 11° prescription (*unreasonable delay*).

Quand le mari est demandeur en divorce, il peut mettre en cause le complice de la femme ; et si l'adultère est prouvé, celui-ci sera condamné aux frais de l'instance et aux dommages-intérêts que le mari réclamera.

7

La femme demanderesse n'a pas le même droit (sect. 28, 34, 33).

Art. 249, *C. Nap.* Aussitôt après la prononciation du jugement qui ordonnera les enquêtes, le greffier du tribunal donnera lecture de la partie du procès-verbal qui contient la nomination déjà faite des témoins que les parties se proposent de faire entendre. Elles seront averties par le président qu'elles peuvent encore en désigner d'autres, mais qu'après ce moment, elles n'y seront plus reçues.

Art. 250, *C. Nap.* Les parties proposeront de suite leurs reproches respectifs contre les témoins qu'elles voudront écarter. Le tribunal statuera sur ces reproches, après avoir entendu le ministère public.

Art. 251, *C. Nap.* Les parents des parties, à l'exception de leurs enfants et descendants, ne sont pas reprochables du chef de la parenté, non plus que les domestiques des époux, en raison de cette qualité; mais le tribunal aura tel égard que de raison aux dépositions des parents et des domestiques.

Art. 252, *C. Nap.* Tout jugement qui admettra une preuve testimoniale, dénommera les témoins qui seront entendus, et déterminera le jour et l'heure auxquels les parties devront les présenter.

Art. 253, *C. Nap.* Les dépositions des témoins seront reçues par le tribunal séant à huis clos, en présence du ministère public, des parties, et de leurs conseils ou amis, jusqu'au nombre de trois de chaque côté.

Art. 254, *C. Nap.* Les parties, par elles ou par leurs conseils, pourront faire aux témoins telles observations et interpellations qu'elles jugeront à propos, sans pouvoir néanmoins les interrompre dans le cours de leurs dépositions.

Art. 255, *C. Nap.* Chaque déposition sera rédigée par écrit, ainsi que les dires et observations auxquels elle aura donné lieu. Le procès-verbal d'enquête sera lu tant aux témoins qu'aux parties : les uns et les autres seront requis de le signer ; et il sera fait mention de leur signature, ou de leur déclaration qu'ils ne peuvent ou ne veulent signer.

Art. 256, *C. Nap.* Après la clôture des deux enquêtes ou de celle du demandeur, si le défendeur n'a pas produit de témoins, le tribunal renverra les parties à l'audience publique, dont il indiquera le jour et l'heure ; il ordonnera la communication de la procédure au ministère public, et commettra un rapporteur. Cette ordonnance sera signifiée au défendeur, à la requête du demandeur, dans le délai qu'elle aura déterminé.

Art. 257, *C. Nap.* Au jour fixé pour le jugement définitif, le rapport sera fait par le juge commis : les parties pourront ensuite faire par elles-mêmes ou par l'organe de leurs conseils, telles observations qu'elles jugeront utiles à leur cause; après quoi le ministère public donnera ses conclusions.

L'enquête devant le jury peut être demandée par l'une ou l'autre des parties. En cas d'abstention de l'exercice de cette faculté, le juge peut d'office renvoyer devant le jury ou devant la Cour, ou recevoir la preuve par *affidavit*.

Art. 259, C. Nap. Lorsque la demande en divorce aura été formée pour cause d'excès, de sévices ou d'injures graves, encore qu'elle soit bien établie, les juges pourront ne pas admettre immédiatement le divorce. Dans ce cas, avant de faire droit, ils autoriseront la femme à quitter la compagnie de son mari, sans être tenue de le recevoir, si elle ne le juge à propos ; et ils condamneront le mari à lui payer une pension alimentaire proportionnée à ses facultés, si la femme n'a pas elle-même des revenus suffisants pour fournir à ses besoins.

Art. 268, C. Nap. La femme demanderesse ou défenderesse en divorce pourra quitter le domicile du mari pendant la poursuite, et demander une pension alimentaire proportionnée aux facultés du mari. Le tribunal indiquera la maison dans laquelle la femme sera tenue de résider, et fixera, s'il y a lieu, la provision alimentaire que le mari sera obligé de lui payer.

La Cour fixe la pension alimentaire (*alimony*) de la femme pendant le procès, et la mesure dans des conditions plus ou moins libérales, selon que la femme est demanderesse ou défenderesse.

Art. 258, C. Nap. Le jugement définitif sera prononcé publiquement : lorsqu'il admettra le divorce, le demandeur sera autorisé à se retirer devant l'officier de l'état civil pour le faire prononcer.

L'enquête terminée, la Cour statue.
La décision de la Cour est susceptible d'appel.

Art. 263, C. Nap. L'appel ne sera recevable qu'autant qu'il aura été interjeté dans les trois mois à compter du jour de la signification du jugement rendu contradictoirement ou par défaut. Le délai pour se pourvoir à la Cour de cassation contre un jugement en dernier ressort, sera aussi de trois mois à compter de la signification. Le pourvoi sera suspensif.

L'appel est porté devant la chambre des lords dans les trois mois de la prononciation du jugement (sect. 56).

Le divorce n'est reconnu irrévocable (*irreversible*) qu'après l'expiration de ce délai.

Ce délai passé, les deux époux peuvent contracter de nouveau mariage, et la femme reprend son nom de famille, comme si elle n'avait jamais été mariée.

Art. 298, *C. Nap.* Dans le cas de divorce admis en justice pour cause d'adultère, l'époux coupable ne pourra jamais se marier avec son complice. La femme adultère sera condamnée par le même jugement, et sur la réquisition du ministère public, à la réclusion dans une maison de correction, pour un temps déterminé, qui ne pourra être moindre de trois mois, ni excéder deux années.

La liberté des époux pour une nouvelle union est entière, et la femme divorcée peut épouser son complice : les mœurs anglaises font même une obligation d'honneur à ce dernier d'épouser la personne qui lui a fait le sacrifice de son premier mariage.

Art. 267, *C. Nap.* L'administration provisoire des enfants restera au mari demandeur ou défendeur en divorce, à moins qu'il n'en soit autrement ordonné par le tribunal, sur la demande soit de la mère, soit de la famille, ou du ministère public, pour le plus grand avantage des enfants.

Art. 302, *C. Nap.* Les enfants seront confiés à l'époux qui a obtenu le divorce, à moins que le tribunal, sur la demande de la famille, ou du ministère public, n'ordonne, pour le plus grand avantage des enfants, que tous ou quelques-uns d'eux seront confiés aux soins soit de l'autre époux, soit d'une tierce personne.

En principe, la loi reconnaît au père le droit absolu d'avoir la garde des enfants : c'est le privilège de la puissance paternelle qui survit au divorce et en reçoit peut-être une plus intense énergie. La mère ne peut obtenir cet avantage que comme une faveur. Toutefois, la Cour a sur ce point une discrétion souveraine, et elle consulte avant tout l'intérêt des enfants. Au père indigne ou insuffisant elle substitue la sollicitude et la tutelle du lord chancelier.

La Cour de chancellerie peut ordonner que les enfants au-dessous de sept ans seront confiés à la mère jusqu'à ce qu'ils aient atteint cet âge.

Art. 303, *C. Nap.* Quelle que soit la personne à laquelle les enfants seront confiés, les père et mère conserveront respectivement le droit de surveiller l'entretien et l'éducation de leurs enfants, et seront tenus d'y contribuer à proportion de leurs facultés.

Art. 304, *C. Nap.* La dissolution du mariage par le divorce admis en justice, ne privera les enfants nés de ce mariage d'aucun des avantages qui leur étaient assurés par les lois, ou par les conventions matrimoniales de leurs père et mère; mais il n'y aura d'ouverture aux droits des enfants que de la même manière et dans les mêmes circonstances où ils se seraient ouverts s'il n'y avait pas eu de divorce.

Art. 305. C. Nap. Dans le cas de divorce par consentement mutuel, la propriété de la moitié des biens de chacun des deux époux sera acquise de plein droit, du jour de leur première déclaration, aux enfants nés de leur mariage : les père et mère conserveront néanmoins la jouissance de cette moitié jusqu'à la majorité de leurs enfants, à la charge de pourvoir à leur nourriture, entretien et éducation, conformément à leur fortune et à leur état; le tout sans préjudice des autres avantages qui pourraient avoir été assurés auxdits enfants par les conventions matrimoniales de leurs père et mère.

Les intérêts des enfants sont réglés par le jugement de divorce en ce qui concerne leurs droits sur la propriété de leurs père et mère.

Si le divorce est prononcé contre la mère, et que celle-ci ait de la propriété, la Cour affectera cette propriété, en tout ou en partie, au bénéfice des enfants ou du mari, ou des enfants ou du mari seulement (sect. 45).

Lorsque la Cour condamne le complice de la femme à des dommages-intérêts, elle peut ordonner que cette somme d'argent sera acquise aux enfants, ou versée à la femme, s'il n'y a pas d'enfants, à titre de provision alimentaire (sect. 33).

Le divorce prononcé ne détruit pas absolument les liens de solidarité des époux entre eux et vis-à-vis des enfants au point de vue de l'assistance matérielle.

Art. 301. C. Nap. Si les époux ne s'étaient fait aucun avantage, ou si ceux stipulés ne paraissaient pas suffisants pour assurer la subsistance de l'époux qui a obtenu le divorce, le tribunal pourra lui accorder, sur les biens de l'autre époux, une pension alimentaire, qui ne pourra pas excéder le tiers des revenus de cet autre époux. Cette pension sera révocable dans le cas où elle cesserait d'être nécessaire.

La Cour peut condamner le mari à faire à la femme divorcée une pension annuelle en rapport avec la situation de fortune de celle-ci et les ressources du mari, en tenant compte de la conduite de la personne assistée. La décision de la Cour à cet égard doit être approuvée préalablement par la Cour de chancellerie (sect. 32).

Si la femme possède une propriété séparée, elle lui sera maintenue exclusivement si elle n'est pas supérieure à ses besoins. Si elle est opulente, le surplus de ce qui ne sera pas *nécessaire* à la femme sera réparti à son mari ou à ses enfants ; et si les ressources de la femme étaient insuffisantes, le mari devrait les compléter par ses propres moyens.

Quant aux enfants, la Cour tient de la loi (sect. 35) les pouvoirs nécessaires pour prendre telle décision utile, afin de leur assurer existence et éducation (*maintenance and education*), conformément à la position sociale de leurs parents.

Art. 306, *C. Nap.* Dans le cas où il y a lieu à la demande en divorce pour cause déterminée, il sera libre aux époux de former demande en séparation de corps.

Art. 307, *C. Nap.* Elle sera intentée, instruite et jugée de la même manière que toute autre action civile : elle ne pourra avoir lieu par le consentement mutuel des époux.

Art. 308, *C. Nap.* La femme contre laquelle la séparation de corps sera prononcée pour cause d'adultère, sera condamnée par le même jugement, et sur la réquisition du ministère public, à la réclusion dans une maison de correction pendant un temps déterminé, qui ne pourra être moindre de trois mois, ni excéder deux années.

Art. 309, *C. Nap.* Le mari restera le maître d'arrêter l'effet de cette condamnation, en consentant à reprendre sa femme.

Art. 310, *C. Nap.* Lorsque la séparation de corps prononcée pour toute autre cause que l'adultère de la femme aura duré trois ans, l'époux qui était originairement défendeur, pourra demander le divorce au tribunal, qui l'admettra, si le demandeur originaire, présent ou dûment appelé, ne consent pas immédiatement à faire cesser la séparation.

Art. 311, *C. Nap.* La séparation de corps emportera toujours séparation de biens.

La séparation de corps, que la loi nouvelle appelle *judicial separation* (séparation judiciaire), n'est point une innovation légale en Angleterre. Le nom seul, plus conforme à la réalité des choses, est nouveau ; la *séparation judiciaire* n'est autre chose que ce que l'on appelait jadis divorce *à mensâ et thoro*, et elle produit les mêmes effets.

La séparation judiciaire se poursuit selon les mêmes formes et devant la même juridiction que le divorce.

Quand le mari poursuit la séparation pour adultère, il peut mettre en cause le complice de sa femme et en obtenir des dommages-intérêts (sect. 55).

La femme demanderesse peut obtenir de la Cour une pension alimentaire et une provision qui la mettent à même de plaider, et toute décision devenue nécessaire en ce qui concerne la garde, le maintien et l'éducation des enfants pendant l'instance et après la décision qui prononce la séparation.

Toutes les provisions de la loi que nous avons énumérées relativement au divorce trouvent ici leur application.

Les causes de séparation judiciaire sont : l'adultère, la cruauté, l'abandon sans motif au delà de deux années.

La loi est muette sur les fins de non-recevoir opposables à la demande en séparation ; mais la jurisprudence et la doctrine sont d'accord pour admettre par analogie l'application à la séparation judiciaire des motifs de non-recevabilité (Bars) prévus pour la demande en divorce.

Art. 311. *C. Nap.* La séparation de corps emportera toujours séparation de biens.

Le jugement qui prononce la séparation fait à la femme une situation légale inconnue avant la présente loi. — Quoique mariée, elle est considérée et a le droit d'agir comme *feme sole* (comme femme non mariée) : elle peut acquérir, vendre, transmettre, recevoir toute propriété, faire tout commerce, plaider, transiger, etc.; et toute propriété par elle ainsi acquise lui demeurera personnellement sans pouvoir être appréhendée par le mari, dans le cas où la femme renoncerait au bénéfice de la séparation et consentirait à reprendre la vie commune (sect. 25).

D'ailleurs, la femme n'aura, pendant sa séparation, engagé que sa propre responsabilité, et celle du mari demeurera étrangère à tous les actes accomplis par sa femme.

Cette responsabilité serait engagée si le mari n'avait pas fourni à sa femme la pension accordée par justice, et il serait tenu vis-à-vis des fournisseurs qui auraient pourvu la femme des choses nécessaires à son maintien (sect. 26).

Tout jugement rendu pour abandon peut être rapporté si la partie condamnée justifie de raïsons d'absence qui soient une valable excuse. Mais cette décision nouvelle ne préjudiciera pas aux droits acquis des tiers.

Le *juge ordinaire* seul prononce en matière de séparation ; et l'appel de sa décision est porté devant la Cour *entière (full court)*.

Art. 1451, *C. Nap.* La communauté dissoute par la séparation soit de corps et de biens, soit de biens seulement, peut être rétablie du consentement des deux parties.

Elle ne peut l'être que par un acte passé devant notaires et avec minute, dont une expédition doit être affichée dans la forme de l'art. 1445.

En ce cas, la communauté rétablie reprend son effet du jour du mariage ; les choses sont remises au même état que s'il n'y avait point eu de séparation, sans préjudice néanmoins de l'exécution des actes qui, dans cet intervalle, ont pu être faits par la femme en conformité de l'art. 1449.

Toute convention par laquelle les époux rétabliraient leur communauté sous des conditions différentes de celles qui la réglaient antérieurement, est nulle.

La séparation de corps peut cesser à la volonté des époux, et la réconciliation détermine la cessation de la séparation de biens, conséquence de la séparation de corps.

Art. 272, *C. Nap.* L'action en divorce sera éteinte par la réconciliation des époux, survenue soit depuis les faits qui auraient pu autoriser cette action, soit depuis la demande en divorce.

La séparation de biens, conséquence de la séparation judiciaire, ne produit donc d'effet qu'à partir de la décision judiciaire.— Elle n'existe que pendant la séparation, et elle cesse par le retour de la femme à la vie commune et au domicile conjugal. De ce jour, la *feme sole* est redevenue *feme covert*.

Avant la loi de 1857, le droit anglais ne connaissait pas l'institution de la séparation de biens. Il y avait bien dans la coutume une tolérance quelque peu analogue, ce qu'on appelait *separate maintenance;* mais cette situation n'avait pour origine et pour garantie que le consentement simultané des époux.

Art. 1443 et suivants, *C. Nap.* (1).

Les époux convenant de vivre séparés l'un de l'autre, réglaient entre eux les conditions matérielles de la séparation. La femme représentée par des fidéicommissaires (*trustees*) recevait de son mari, qui s'engageait envers ceux-ci, telle somme déterminée, et les *trustees* s'engageaient de leur côté, sous leur responsabilité personnelle, à garantir le mari de toutes dettes que pourrait contracter la femme, de toute réclamation relative au douaire.

Ces sortes de conventions recevaient la sanction des Cours de droit commun et d'équité; mais cette sanction ne conférait à la femme aucune immunité de nature à faire cesser pour elle l'état de *feme covert*, et à lui conférer l'exercice d'aucun droit, une capacité légale quelconque (Stephen, t. ii, p. 271).

L'acte de 1857 (sect. 21) a prévu le cas où la femme est abandonnée par son mari (*deserted*), et elle a pourvu à une situation qui pesait jadis d'une manière si dure et si injuste sur une femme, souvent mère de famille, laissée seule à supporter les obligations du mariage, et exposée à être dépouillée par un mari débauché, paresseux, lâche et indigne des ressources sacrées demandées par la femme à son travail.

(1) Le Code civil français régit par ces articles les rapports de deux personnes qui ont des droits distincts, deux personnalités séparées. — Rien de semblable dans le droit anglais. — La personne de la femme y disparaît dans celle du mari. — Donc, aucun rapport possible entre les deux législations, et inutilité d'une concordance détaillée des articles de notre Code avec le droit anglais.

Art. 1448, *C. Nap.* La femme qui a obtenu la séparation de biens, doit contribuer, proportionnellement à ses facultés et à celles du mari, tant aux frais du ménage qu'à ceux d'éducation des enfants communs.

Elle doit supporter entièrement ces frais, s'il ne reste rien au mari.

Art. 1449, *C. Nap.* La femme séparée soit de corps et de biens, soit de biens seulement, en reprend la libre administration.

Elle peut disposer de son mobilier, et l'aliéner.

Elle ne peut aliéner ses immeubles sans le consentement de son mari, ou sans être autorisée en justice à son refus.

La loi permet donc à la femme ainsi délaissée de se faire autoriser par la justice à posséder par elle-même et pour elle-même, exclusivement à toute prétention du mari ou de ses créanciers, la propriété qu'elle peut acquérir par son travail ou par libéralité, à exercer comme *feme sole* sous *sa seule* responsabilité tel commerce, telle industrie qu'elle jugera convenable, et à poursuivre en justice la défense ou la revendication de ses droits.

La décision de la Cour est enregistrée à la Cour du comté où réside la personne qui l'a obtenue.

Le retour du mari au domicile de la femme ne ferait pas cesser l'effet de la décision de justice qui ne peut être rapportée qu'à la demande de l'un des époux ou des créanciers du mari.

Toutefois, la Cour n'accueillera cette demande que déterminée par les plus graves et les plus impérieuses considérations.

ÉTATS-UNIS.

La loi distingue, comme dans l'ancien droit anglais, le divorce *a vinculo* (qui est le vrai divorce, du divorce *a mensa et thoro*, qui n'est que la séparation de corps.

Kent (t. II, p. 70) affirme qu'avant l'indépendance, l'État de New-York n'avait eu à enregistrer aucun cas de divorce, faute de dispositions légales qui le rendissent possible; il fallait un acte de la législature pour le procurer.

Art. 229, *C. Nap.* Le mari pourra demander le divorce pour cause d'adultère de sa femme.

Art. 330, *C. Nap.* La femme pourra demander le divorce pour cause d'adultère de son mari, lorsqu'il aura tenu sa concubine dans la maison commune.

Ce n'est que depuis 1787 qu'une loi autorisa la Cour de chancellerie à prononcer le divorce *a vinculo* pour adultère ; encore fallait-il le concours de l'une des trois circonstances suivantes pour rendre l'action recevable : 1° que les époux habitassent l'État au temps de l'adultère ; 2° que le mariage eût été contracté dans l'État, et que l'époux outragé habitât l'État au moment de l'adultère et au temps où il a formé sa demande ; 3° que l'adultère eût été commis dans l'État, et que l'époux outragé, au jour de la demande, y eût son domicile (Statuts révisés de New-York, vol. II, p. 144).

Mais le droit est égal pour le mari et pour la femme, et c'est justice.

Art. 247, *C. Nap.* Aussitôt après la prononciation du jugement qui ordonnera les enquêtes, le greffier du tribunal donnera lecture de la partie du procès-verbal qui contient la nomination déjà faite des témoins que les parties se proposent de faire entendre. Elles seront averties par le président, qu'elles peuvent encore en désigner d'autres, mais qu'après ce moment, elles n'y seront plus reçues.

Art. 250, *C. Nap.* Les parties proposeront de suite leurs reproches respectifs contre les témoins qu'elles voudront écarter. Le tribunal statuera sur ces reproches, après avoir entendu le ministère public.

Art. 251, *C. Nap.* Les parents des parties, à l'exception de leurs enfants et descendants, ne sont pas reprochables du chef de la parenté, non plus que les domestiques des époux, en raison de cette qualité ; mais le tribunal aura tel égard que de raison aux dépositions des parents et des domestiques.

Art. 252, *C. Nap.* Tout jugement qui admettra une preuve testimoniale, dénommera les témoins qui seront entendus, et déterminera le jour et l'heure auxquels les parties devront les présenter.

Art. 253, *C. Nap.* Les dépositions des témoins seront reçues par le tribunal séant à huis-clos, en présence du ministère public, des parties, et de leurs conseils ou amis, jusqu'au nombre de trois de chaque côté.

Art. 254, *C. Nap.* Les parties, pour elles ou par leurs conseils, pourront faire aux témoins telles observations et interpellations qu'elles jugeront à propos, sans pouvoir néanmoins les interrompre dans le cours de leurs dépositions.

Art. 255, *C. Nap.* Chaque déposition sera rédigée par écrit, ainsi que les dires et observations auxquels elle aura donné lieu. Le procès-verbal d'enquête sera lu tant aux témoins qu'aux parties : les uns et les autres seront requis de le signer ; et il sera fait mention de leur signature, ou de leur déclaration qu'ils ne peuvent ou ne veulent signer.

Art. 256, C. Nap. Après la clôture des deux requêtes ou de celle du demandeur, si le défendeur n'a pas produit de témoins, le tribunal renverra les parties à l'audience publique, dont il indiquera le jour et l'heure ; il ordonnera la communication de la procédure au ministère public, et commettra un rapporteur. Cette ordonnance sera signifiée au défendeur, à la requête du demandeur, dans le délai qu'elle aura déterminé.

Art. 257, C. Nap. Au jour fixé pour le jugement définitif, le rapport sera fait par le juge commis : les parties pourront ensuite faire, par elles-mêmes ou par l'organe de leurs conseils, telles observations qu'elles jugeront utiles à leur cause ; après quoi le ministère public donnera ses conclusions.

La preuve de l'adultère se fait devant le jury. L'aveu est repoussé comme un élément possible de connivence, et il n'est accueilli qu'après vérification du fait avoué.

Art. 258, C. Nap. Le jugement définitif sera prononcé publiquement : lorsqu'il admettra le divorce, le demandeur sera autorisé à se retirer devant l'officier de l'état civil pour le faire prononcer.

La preuve faite, le chancelier prononce la dissolution du mariage.

Art. 295, C. Nap. Les époux qui divorceront pour quelque cause que ce soit, ne pourront plus se réunir.

Art. 296, C. Nap. Dans le cas de divorce prononcé pour cause déterminée, la femme divorcée ne pourra se remarier que dix mois après le divorce prononcé.

Art. 297, C. Nap. Dans le cas de divorce par consentement mutuel, aucun des deux époux ne pourra contracter un nouveau mariage que trois ans après la prononciation du divorce.

Art. 298, C. Nap. Dans le cas de divorce admis en justice pour cause d'adultère, l'époux coupable ne pourra jamais se marier avec son complice. La femme adultère sera condamnée par le même jugement, et sur la réquisition du ministère public, à la réclusion dans une maison de correction, pour un temps déterminé, qui ne pourra être moindre de trois mois, ni excéder deux années.

Il est interdit à l'époux condamné de se remarier pendant la vie du conjoint divorcé. C'est la sanction pénale que la loi a voulu attacher à la transgression du devoir de fidélité (New-

York revised statutes, vol. II, p. 144 et 445, sect. 38, 39, 40, 41, 43, 44, 49.) (Kent., t. II, p. 70, note.).

Art. 268, *C. Nap.* La femme demanderesse ou défenderesse en divorce pourra quitter le domicile du mari pendant la poursuite, et demander une pension alimentaire proportionnée aux facultés du mari. Le tribunal indiquera la maison dans laquelle la femme sera tenue de résider, et fixera, s'il y a lieu, la provision alimentaire que le mari sera obligé de lui payer.

Art. 270, *C. Nap.* La femme commune en biens, demanderesse ou défenderesse en divorce, pourra, en tout état de cause, à partir de la date de l'ordonnance dont il est fait mention en l'art. 238, requérir, pour la conservation de ses droits, l'apposition des scellés sur les effets mobiliers de la communauté. Ces scellés ne seront levés qu'en faisant inventaire avec prisée, et à la charge par le mari de représenter les choses inventoriées, ou de répondre de leur valeur comme gardien judiciaire.

La femme demanderesse en divorce peut obtenir de la Cour une provision alimentaire sur la fortune ou les ressources du mari, pour elle et ses enfants (*ibid.*, sect. 45, 46). Elle peut également obtenir du chancelier, le divorce prononcé, la jouissance absolue de toute propriété lui appartenant, qu'elle provienne de libéralité ou de sa propre industrie.

Art. 269, *C. Nap.* La femme sera tenue de justifier de sa résidence dans la maison indiquée, toutes les fois qu'elle en sera requise : à défaut de cette justification, le mari pourra refuser la provision alimentaire, et, si la femme est demanderesse en divorce, la faire déclarer non recevable à continuer ses poursuites.

Si c'est le mari qui obtient le divorce, il aura le droit de retenir sur la propriété de la femme ce dont il aurait joui si le mariage eût continué : la femme, au contraire, perd tout droit à son douaire, et à toute propriété de son mari (*ibid*, p. 146, sect. 47, 48).

Telle est la législation nouvelle de l'État de New-York, législation adoptée par les États de New-Jersey, Massachusetts et Vermont.

Dans l'État d'Indiana, dans le Missouri, le bénéfice des lois sur le divorce ne peut être invoqué que par les personnes qui résident depuis plus d'une année dans l'État.

Dans l'Ohio, la résidence préalable est de deux ans. Elle est de trois ans dans le Michigan et la Caroline du Nord (Kent, t. II, p. 73, 74, 75).

Une règle presque générale à tous les États exige que l'adultère, cause de la demande en divorce, ait été consommé dans l'État même dont la juridiction est saisie.

Le *Maine* seul semble faire exception à ce principe.

Art. 272, *C. Nap.* L'action en divorce sera éteinte par la réconciliation des époux, survenue soit depuis les faits qui auraient pu autoriser cette action, soit depuis la demande en divorce.

Art. 273, *C. Nap.* Dans l'un et l'autre cas, le demandeur sera déclaré non recevable dans son action ; il pourra néanmoins en intenter une nouvelle pour cause survenue depuis la réconciliation, et alors faire usage des anciennes causes pour appuyer sa nouvelle demande.

Art. 274, *C. Nap.* Si le demandeur en divorce nie qu'il y ait eu réconciliation, le demandeur en fera preuve, soit par écrit, soit par témoins, dans la forme prescrite en la première section du présent chapitre.

Comme dans le droit anglais, il est des fins de non-recevoir que l'époux défendeur peut opposer à l'époux demandeur, et ces fins de non-recevoir ont exclusivement pour origine et justification des faits imputables à ce dernier.

L'adultère prouvé du demandeur ; le pardon suivi de réconciliation ; la complicité par connivence ou tolérance du mari dans l'inconduite de la femme ; l'abstention de toute poursuite pendant cinq ans du jour de la connaissance acquise de l'adultère, sont des causes de non-recevabilité de la demande. (Kent, t. II, p. 75 et 76.) (Statuts révisés de New-York, t. II, p. 145, sect. 42).

Art. 229, *C. Nap.* Le mari pourra demander le divorce pour cause d'adultère de sa femme.

Art. 230, *C. Nap.* La femme pourra demander le divorce pour cause d'adultère de son mari, lorsqu'il aura tenu sa concubine dans la maison commune.

Art. 231, *C. Nap.* Les époux pourront réciproquement demander le divorce pour excès, sévices ou injures graves, de l'un d'eux envers l'autre.

Art. 232, *C. Nap.* La condamnation de l'un des époux à une peine infamante sera pour l'autre époux une cause de divorce.

Art. 233, *C. Nap.* Le consentement mutuel et persévérant des époux, exprimé de la manière prescrite par la loi, sous les conditions et après les épreuves qu'elle détermine, prouvera suffisamment que la vie commune leur est insupportable, et qu'il existe, par rapport à eux, une cause péremptoire de divorce.

D'ailleurs l'adultère est la cause générale admise du divorce. L'État de New-York n'en admet pas d'autre. Mais un grand nombre d'États, tels que Maine, New-Hampshire, Massachussets, Connecticut, Vermont, New-Jersey, Pensylvanie, Delaware, Ohio, Indiana, Illinois, Georgie, Alabama, Michigan, Kentucky, Mississipi, Missouri, Caroline du Nord, etc., reconnaissent d'autres causes susceptibles d'autoriser le divorce, telles que mauvais traitements, abandon prémédité, absence sans nouvelles, ivrognerie habituelle, condamnation infamante, habitudes contre nature, etc. (Kent, t. II, p. 81 à 84).

Cependant, l'esprit public s'est partout préoccupé d'entourer des plus sévères garanties de nécessité ce bénéfice douloureux qui ne procède que de l'anéantissement du plus sacré, du plus solennel et du plus social des contrats.

Ainsi, dans les États de Géorgie, du Mississipi, d'Alabama, la loi n'autorise le divorce que s'il a été décrété par le vote des deux tiers des membres de chaque législature après une enquête et une décision judiciaire.

Dans les États de Virginie, de la Caroline du Sud, de Kentucky, de l'Illinois, c'est la législature qui statue sur les demandes en divorce.

Dans d'autres États, tels que le Tennessee, la Caroline du Nord, l'Arkansas, le Michigan, le New-Jersey, la Louisiane, la Floride et New-York, les Cours de justice sont seules investies du pouvoir de prononcer les divorces.

Art. 306, *C. Nap.* Dans le cas où il y a lieu à la demande en divorce pour cause déterminée, il sera libre aux époux de former demande en séparation de corps.

Art. 307, *C. Nap.* Elle sera intentée, instruite et jugée de la même ma-

nière que toute autre action e ... : elle ne pourra avoir lieu par le consentement mutuel des époux.

Art. 308, *C. Nap.* La femme contre laquelle la séparation de corps sera
prononcée pour cause d'adultère, sera condamnée par le même jugement, et sur
la réquisition du ministère public, à la réclusion dans une maison de correction
pendant un temps déterminé, qui ne pourra être moindre de trois mois, ni excéder deux années.

Art. 309, *C. Nap.* Le mari restera le maître d'arrêter l'effet de cette condamnation, en consentant à reprendre sa femme.

Art. 310, *C. Nap.* Lorsque la séparation de corps prononcée pour toute
autre cause que l'adultère de la femme aura duré trois ans, l'époux qui était
originairement défendeur, pourra demander le divorce au tribunal, qui l'admettra, si le demandeur originaire, présent ou dûment appelé, ne consent pas
immédiatement à faire cesser la séparation.

Art. 311, *C. Nap.* La séparation de corps emportera toujours séparation
de biens.

Le divorce *a mensâ* et *thoro* n'est, comme jadis en Angleterre, qu'une séparation de corps, un simple relâchement du
lien du mariage.

Les statuts révisés de New-York autorisent ce divorce quand
la femme peut invoquer, comme cause, de mauvais traitements, des sévices, une conduite du mari qui rend la vie commune insupportable, l'abandon, le refus d'assistance.

La Cour peut prononcer la séparation pour une durée illi-
mitée ou seulement pour un temps. Elle peut rapporter sa
décision à la demande des deux époux et après justification
d'une sincère réconciliation (Kent, t. II, p. 107, note.) (*Ibid.*,
t. II, p. 146, 147, sect. 70, 51, 56).

La Cour n'a de compétence, pour statuer en cette matière,
que dans les circonstances ci-après : 1° Il faut que les parties
habitent l'État ; 2° ou que le mariage ait été contracté dans
l'État et que la femme y habite au jour où elle introduit sa
demande ; 3° ou bien, enfin, que les parties aient résidé au
moins une année dans l'État, et que la femme y réside lorsqu'elle intente son action (*Ibid.*, t. II, p. 146, sect. 50).

Ce genre de divorce est vu d'un mauvais œil par la moralité publique aux États-Unis (Kent ; t. II p. 110) et le sens

pratique de l'opinion condamne avec raison, selon nous, un prétendu remède qui ne crée pour chacun des époux que des épreuves nécessairement redoutables, des périls fatals à leur honneur et à leur dignité.

La séparation de corps est une violence et un compromis hors nature et raison : aussi est-il certains États, comme le New-Hampshire, le Connecticut, l'Ohio, l'Indiana, la Caroline du Sud qui l'ont repoussée de leurs institutions (Kent, t. II, p. 107).

————

Le divorce vrai, le divorce *a vinculo*, se comprend ; il comporte une évidente moralité et un profond caractère d'humanité.

Aussi, dans certains États, on n'a autorisé la séparation de corps que comme une épreuve temporaire destinée soit à précéder un divorce, soit à déterminer une réconciliation.

Dans la Louisiane, le divorce *a mensâ* conduit au divorce *a vinculo*, si les parties ne se sont pas réconciliées dans les deux ans (Kent, t. II, p. 107, note).

Dans l'État de Virginie, même législation, sauf le délai qui est de sept ans (*ibidem*).

Dans le Massachusets, l'époux qui a obtenu le divorce *a mensâ* peut demander le divorce *a vinculo* après cinq ans de séparation ; et les deux époux peuvent *également* provoquer le divorce après dix ans d'existence séparée (*ibidem*).

Le divorce et la séparation de corps ne font pas cesser pour les époux leurs obligations naturelles et civiles envers leurs enfants.

Ils doivent pourvoir à leurs besoins et à leur éducation pendant leur enfance et leur jeunesse jusqu'à l'âge de majorité, et les institutions publiques, telles que les merveilleux établissements d'instruction partout entretenus avec une si

jalouse émulation, sont un puissant concours assuré aux enfants que la destinée a prématurément privés de l'affection de
leurs auteurs.

L'accomplissement de ce devoir est rigoureusement sur-
veillé par la loi des États-Unis, car ce qui préoccupe *avant
tout* la sollicitude du législateur, c'est le développement moral
et intellectuel le plus complet de cette force sociale, base et
garantie de toutes les autres, l'individu.

L'obligation des parents est à cet égard d'autant plus étroite
qu'aux États-Unis le droit de disposer entre-vifs et par testament s'exerce en toute liberté et ne connaît pas de *réserve*.

CHAPITRE VIII.

Du contrat de mariage
et des droits respectifs des époux.

ANGLETERRE.

Art. 1387 à 1398, C. Nap. (1).

La loi anglaise ne reconnaît pas l'institution du contrat de
mariage telle que l'ont conçue et réglementée les auteurs de
notre loi civile; et le principe précédemment exposé de l'absorp-
tion absolue de la personnalité de la femme en celle du mari
exclut logiquement tout régime légal qui distinguerait les deux

---

(1) Le Code civil français régit par ces articles les rapports de deux personnes
qui ont des droits distincts, deux personnalités séparées. — Rien de semblable
dans le droit anglais.—La personne de la femme y disparaît dans celle du mari.
— Donc, aucun rapport possible entre les deux législations, et inutilité d'une
concordance détaillée des articles de notre Code avec le droit anglais.

personnes et leur permettrait des rapports juridiques quelconques.

Donc, pas de contrat de mariage tel que nous l'entendons en France ; pas de régime de la communauté ; pas de régime dotal ; mais la souveraineté despotique, absorbante du mari sur la femme et sur ses biens, sauf quelques restrictions ci-dessus indiquées.

Cependant ce principe dur, inexorable de *la loi*, dut s'adoucir et s'humaniser devant les exigences supérieures de l'*équité :* et l'*équité*, en effet, autorise des dispositions conventionnelles (*marriage settlements*) qui, intervenues avant ou après le mariage, conformément à certaines formes déterminées, seront la règle des relations conjugales au point de vue des intérêts. Nous avons exposé, *en traitant des droits et devoirs respectifs des époux*, le droit de la femme d'isoler sa fortune de celle de son mari, à l'aide d'un *trust*.

La femme qui se propose de contracter mariage, et qui veut conserver par-devers elle toute sa propriété, peut stipuler avec son mari cette mise hors du domaine marital, cette réserve au profit exclusif de l'épouse des biens dont elle entend conserver la libre disposition.

Pour obtenir cet avantage, la femme procède par fidéicommis. Elle transporte à deux ou trois personnes qu'elle investit de sa confiance (*trust*), et qui dès lors s'appellent *trustees* (fidéicommissaires), la possession de ses biens dont elle jouira et disposera seule, en dehors de toute ingérence du mari, selon les conditions déterminées dans le contrat. — Les *trustees*, représentants effectifs de la future épouse, traitent avec le mari, qui accepte et signe l'acte, et le mariage s'accomplit sous la condition du respect absolu de ces stipulations.

Voici comment M. Gide, dans son remarquable ouvrage (*Étude sur la condition privée de la femme*), résume l'origine, la tradition et l'utilité des fidéicommis :

« Les anciens principes reçurent une atteinte plus profonde
« encore par l'introduction du domaine équitable. J'ai déjà
« dit un mot de cette ingénieuse institution qui, comme les
« fictions dont je parlais tout à l'heure, est due à l'invention
« du clergé.

« Privé par les statuts de mainmorte du droit de posséder
« des terres, il imagina de les posséder sous le nom d'un
« tiers; les ventes ou donations d'immeubles, au lieu d'être
« faites ouvertement à l'Église, étaient faites à quelque ami
« pieux qui s'engageait, sur sa foi, à laisser l'Église jouir per-
« pétuellement à sa place. C'était une espèce de fidéicommis
« que le chancelier, à l'exemple du préteur fidéicommis-
« saire des Romains, couvrait d'une protection que lui dé-
« niait la loi civile. Le fidéicommis avait pour effet de dédou-
« bler en quelque sorte la propriété et de la décomposer en un
« domaine nominal et en un domaine utile; car la personne
« grevée de fidéicommis, le *trustee*, avait seule le titre de
« propriétaire et était considérée comme seule propriétaire par
« les Cours de *Common Law*, au lieu que le bénéficiaire,
« *cestuy que trust* ou *cestuy que use*, était tenu pour seul
« propriétaire par les Cours d'équité. Et comme les Cours
« d'équité surent étendre leur pouvoir jusqu'à restreindre les
« décisions des Cours de *Common Law*, il s'ensuivit que le
« droit du *trustee* se réduisit à un vain titre et à une sorte de
« *nudum jus Quiritum*, tandis que le droit de *cestuy que use*
« réunissait tous les avantages d'une propriété véritable. Il
« était même, à certains égards, plus avantageux encore :
« car la propriété véritable avait été organisée par une loi
« dure et formaliste, et ce n'est qu'à grand'peine et par des
« procédures difficiles et coûteuses qu'on pouvait l'acquérir,
« la réclamer en justice, la grever de charges, l'aliéner; au
« contraire, le domaine équitable ou *use*, établi sur les prin-
« cipes de l'équité et de la loi naturelle, pouvait, en général,

« s'aliéner, s'engager et s'acquérir par le simple consente-
« ment.

« Aussi les laïques ne laissèrent-ils pas longtemps au clergé
« le monopole d'une institution aussi commode. A mesure
« que l'Angleterre cessa d'être féodale pour devenir com-
« merçante, et que l'on rechercha dans la propriété foncière
« le produit et la richesse plutôt que le titre et les honneurs,
« les *uses* devinrent de plus en plus fréquents. Les femmes,
« en particulier, que l'ancienne propriété féodale retenait
« dans la dépendance du seigneur, recherchèrent avec em-
« pressement cette propriété nouvelle. Or, si une femme qui
« possédait un *use* venait à se marier, cet *use*, n'ayant pas
« d'existence aux yeux de la loi civile, ne pouvait tomber
« sous l'application de cette loi, qui saisissait le mari de tous
« les biens appartenant à la femme. L'*use* restait sous l'em-
« pire des Cours d'équité qui, conformément à l'équité et à
« la raison, reconnaissaient à la femme mariée, avec une per-
« sonnalité distincte, la capacité de posséder des biens en
« propre. La question de savoir si la jouissance de l'*use* pas-
« sait au mari ou restait à la femme, devait donc se résoudre
« suivant l'équité et ne dépendait, en conséquence, que de
« l'intention des parties.

« Sans doute, dans le silence du contrat de mariage, les
« Cours d'équité attribuaient l'*use* au mari, par application
« du principe *equity follows the law* (l'équité suit la loi);
« mais la femme pouvait fort bien stipuler dans le contrat
« que la jouissance de son *use* lui resterait propre. De même,
« les parents qui, en mariant leur fille, voulaient lui faire
« une donation, pouvaient fort bien réserver à leur fille
« et soustraire à leur gendre la jouissance des biens donnés,
« soit en confiant ces biens à un tiers qui servait de *trustee*,
« soit en choisissant pour *trustee* le mari lui-même.

« En un mot, les parties pouvaient à bon gré, comme en

« droit romain, rendre les immeubles de la femme dotaux ou
« paraphernaux, et établir même entre les deux époux une
« complète séparation de biens.

« Dès lors, le mariage n'a plus été pour la femme le sacri-
« fice de sa personnalité et de son indépendance : l'épouse a
« son plein patrimoine et ses intérêts indépendants de ceux
« de l'époux ; elle peut administrer ses biens et même en
« disposer sans autorisation maritale ; elle peut traiter avec
« le mari sur le pied d'égalité, lui faire des donations ou en
« recevoir de lui, contracter avec lui, plaider avec lui. Rien
« n'empêche, en particulier, qu'elle ne se porte valablement
« caution pour la dette personnelle du mari, en obligeant à
« cette dette les biens dont elle a la jouissance séparée. »

« Quand deux personnes, dit Stephen (t. ɪɪ, p. 269), enga-
« gées pour le mariage possèdent une fortune considérable,
« il est d'usage que le mari, avant le mariage, fasse à sa fu-
« ture épouse, sur ses propres biens, certains avantages : cela
« consiste à lui assurer, par le moyen de *trustees*, une rente
« assise sur la propriété foncière du mari, payable pendant la
« durée de leur commune existence, entre les mains de la
« femme et pour son usage particulier : c'est ce qu'on appelle
« épingles (*pin money*). Cette rente sera plus élevée en cas
« de prédécès du mari.—On lui donne alors la dénomination
« de *jointure*, et elle remplace pour la femme le douaire.—En
« retour, si la femme possède quelque fortune en argent, elle
« la laisse généralement à son mari ; et si cette fortune était
« considérable, il est d'usage que le mari en assure, dans une
« certaine mesure, le retour à la famille de celle-ci. »

Les dispositions faites ainsi avant le mariage et *en vue
du mariage*, sont inattaquables, si ce n'est pour cause de
fraude.

Le mari peut, après le mariage, faire à sa femme certaines
libéralités.—Le procédé est le même : le mari traite avec des

trustees qui représentent la femme et desquels elle recevra *seule* et pour *son seul usage* les rentes convenues.

Mais cette disposition n'est pas vue avec autant de faveur et ne jouit pas d'autant de sécurité que la première. Elle sera toujours susceptible d'être attaquée, si elle leur est préjudiciable, par les créanciers du mari, même postérieurs à la date de la libéralité (Stephen, t. II, p. 270).

La femme qui possède en vertu d'un fidéicommis antérieur au mariage, est considérée comme *feme sole* en ce qui touche la libre disposition de sa propriété mobilière.—Pour disposer de sa propriété immobilière, il lui faut le consentement de son mari. Toutefois, elle sera interrogée, hors la présence de celui-ci, par un magistrat des Cours supérieures, qui s'assurera que la volonté de la femme n'est forcée par aucune influence.

La femme peut ainsi engager son avoir pour venir au secours de son mari. Mais elle obtient en retour un droit à indemnité sur les biens de ce dernier.

Elle peut stipuler avant le mariage qu'elle exercera un commerce distinct de celui de son mari, et qu'elle aura pour son industrie la pleine liberté de ses droits. Elle ne sera point, dans ce cas, tenue envers les créanciers de son mari.

Il n'en serait plus ainsi si le commerce séparé de la femme n'était convenu qu'après le mariage. — La présomption contraire favoriserait les créanciers du mari.

Toute libéralité entre-vifs ou testamentaire faite à la femme par d'autres que son mari, avec la condition que la propriété donnée sera distincte de celle du mari, constituera à la femme un patrimoine personnel et privé, respecté par le mari.

Il en serait de même d'une libéralité faite à une femme non mariée sous la condition qu'elle en ait la libre disposition à l'exclusion de son mari, dans le cas d'un subséquent mariage.

En ce qui touche la propriété de ces biens, si les dona-
teurs ou le contrat de mariage ont conféré à la femme le droit
d'en disposer sans l'intervention et le concours des fidéicommissaires, elle agira dans la plénitude de son droit, comme si
elle était *feme sole*. Dans le cas contraire, la femme ne pourra
disposer de ses biens qu'en se conformant à la règle du statut,
comme il a été précédemment indiqué.

En conséquence de cette liberté de disposer de ses biens
constituée expressément à la femme mariée, elle est tenue sur
ses biens des engagements par elle contractés envers les tiers,
si elle a entendu garantir sur ses biens personnels de tels
engagements.

Les héritiers de la femme seraient tenus des mêmes obligations.

Lorsque la séparation de corps ou la séparation de biens
ont rendu à leur indépendance les intérêts des époux, la
femme rentre dans la plénitude et dans l'exercice absolu de
ses droits : elle redevient *feme sole*, et peut s'engager, plaider,
transiger, etc., comme si elle n'était point dans les liens du
mariage.

CHAPITRE IX.

Des formes des settlements.

Art. 1394, *C. Nap.* Toutes conventions matrimoniales seront rédigées,
avant le mariage, par acte devant notaire.

Art. 1395, *C. Nap.* Elles ne peuvent recevoir aucun changement après la
célébration du mariage.

Art. 1396, *C. Nap.* Les changements qui y seraient faits avant cette célébration, doivent être constatés par acte passé dans la même forme que le contrat de mariage.

Nul changement ou contre-lettre n'est, au surplus, valable sans la présence et le consentement simultané de toutes les personnes qui ont été parties dans le contrat de mariage.

Art. 1397, C. Nap. Tous changements et contre-lettres, même revêtus des formes prescrites par l'article précédent, seront sans effet à l'égard des tiers, s'ils n'ont été rédigés à la suite de la minute du contrat de mariage ; et le notaire ne pourra, à peine de dommages et intérêts des parties, et sous plus grande peine s'il y a lieu, délivrer ni grosses ni expéditions du contrat de mariage sans transcrire à la suite le changement ou la contre-lettre.

Art. 1398, C. Nap. Le mineur habile à contracter mariage est habile à consentir toutes les conventions dont ce contrat est susceptible ; et les conventions et donations qu'il y a faites, sont valables, pourvu qu'il ait été assisté, dans le contrat, des personnes dont le consentement est nécessaire pour la validité du mariage.

Les conventions civiles relatives au mariage ne sont point, comme en France, revêtues de la forme notariée. Il n'y a pas, en Angleterre, d'officier ministériel investi du pouvoir de donner aux actes privés l'authenticité, et les notaires publics, dans ce pays, n'ont aucun des caractères qui font de l'officier ministériel français connu sous cette dénomination un fonctionnaire revêtu des plus hautes et des plus importantes prérogatives d'attestation.

La signature d'un notaire apposée au bas d'un acte relatif au règlement d'intérêts civils, en Angleterre, n'a pas plus d'autorité que celle d'un autre témoin, et l'acte lui-même n'a que la valeur d'un acte ordinaire sous seings privés.

On appelle du nom générique de *settlements* toutes conventions ayant pour objet la disposition de propriété. — On distingue deux sortes de *settlements*, la convention entre-vifs, *deed*, et le testament, *will*. Mais le terme *settlement* s'applique plus particulièrement au *deed* (*The Cabinet Lawyer*, p. 711).

On entend par *deed* un document écrit sur parchemin ou sur papier, *signé, attesté, scellé* et *délivré* par les parties. Ces conditions sont substantielles. — Il peut être écrit par quelque main et en quelque langue que ce soit, et doit être fait en autant d'originaux qu'il y a de parties (*ibidem*).

Lorsque le *deed* est fait en plusieurs originaux, il prend le nom de *indenture*, des mots latins *instar dentium*, parce que ces originaux sont découpés sur la même feuille en angles aigus de nature à les faire correspondre entre eux.

Le *deed* est la forme de contrat solennelle par excellence, et il n'est admis en justice aucune preuve contre ce qui y est énoncé.

Pour passer un *deed* il faut être capable de contracter, et l'objet de la convention doit n'avoir rien de contraire aux lois et aux bonnes mœurs. Il faut une *juste* cause (*good and valuable consideration*); il faut qu'il n'y ait ni fraude ni collusion. — La feuille ou matière sur laquelle sera écrite ou imprimée la convention devra être timbrée (*stamped*). L'absence de cette formalité rendrait inadmissible la production en justice d'un tel document.

L'absence ou l'erreur de date seraient suppléées par la preuve testimoniale.

Le *deed* sera lu à chacune des parties.

L'inobservation de cette formalité peut entraîner l'annulation de l'acte. — L'acte sera signé et SCELLÉ par les parties, et c'est l'usage nécessaire du sceau (*seal*) qui donne à ce contrat toute son authenticité. L'apposition du sceau suivie de délivrance peut suffire.

Enfin, l'acte sera certifié par deux témoins.

Cette forme d'acte est nécessaire chaque fois qu'il s'agit de conventions ayant pour objet la propriété immobilière. Il est généralement dressé par des hommes de loi, et l'intervention de ces conseils s'explique et se justifie par l'importance ordinaire des transactions, objet du contrat (Stephen, t. II, p. 469 et suiv.).

Le *deed* sera nécessairement la forme de l'acte de fidéicommis (*trust*) qui aura pour objet la conservation de la propriété immobilière de la femme, et facultativement celle de l'acte ayant pour objet la conservation de sa fortune mobilière.

CHAPITRE X.

Du contrat de mariage aux États-Unis.

Art. 1387 à 1398, *C. Nap.* (1).

En principe, la tradition juridique des États-Unis interdit, comme en Angleterre, à la femme mariée tout droit à aucune propriété personnelle.

En fait, la rigueur de cette interdiction s'est adoucie devant la volonté des intéressés, et, « en équité, il est permis à « la femme mariée de posséder, par le moyen de *trustees*, des « biens personnels avec autant d'indépendance que si elle « était *feme sole*. Dans ce cas, la propriété réservée à la « femme est remise à des fidéicommissaires (*trustees*), en fi- « déicommis (*trust*), avec obligation par eux d'en servir à la « femme les intérêts ou revenus pour son usage exclusif (*for « her separate use*), à l'abri de tous créanciers, de tout con- « trôle ou intervention du mari ; les paiements sont faits à la « femme aux échéances convenues, sur   n ordre ou contre « son reçu, et après sa mort les avantages du *trust* passent à « ses héritiers. » (Kent, t. ii, p. 158).

Il n'est pas nécessaire que le fidéicommissaire (*trustee*) soit un étranger. Le mari peut être investi de ce mandat, et lors-qu'une propriété est constituée à la femme pour son usage

---

(1) Le Code civil français régit par ces articles les rapports de deux personnes qui ont des droits distincts, deux personnalités séparées. — Rien de semblable dans le droit anglais.—La personne de la femme y disparaît dans celle du mari. — Le droit traditionnel des États-Unis étant le droit anglais, il y a lieu de reproduire ici l'observation consignée dans la note p. 114, en tenant compte des innovations capitales mentionnées p. 81 et suiv.

personnel, sans qu'il ait été désigné de *trustee* à cet effet, la Cour de chancellerie protégera ses droits contre toute atteinte des créanciers du mari, et ce dernier sera considéré comme *trustee*, lors même qu'il n'aurait point été partie à l'acte constitutif de la libéralité.

A cet égard, il est de jurisprudence (aff. Griffits C. Griffits et autres) qu'il n'est besoin d'aucune formule sacramentelle pour constituer à la femme cette propriété distincte et séparée ; « il suffit que le constituant manifeste l'intention d'assurer distinctement (*separately*) à la femme la jouissance de la propriété, pour que cette volonté soit scrupuleusement respectée ; ces simples expressions, *for her own proper use* (pour son usage particulier), suffisent pour produire tout l'effet attaché au fidéicommis (Kent, t. ii, p. 159).

D'ailleurs le mari peut stipuler avant le mariage que sa future épouse aura la libre disposition de ses biens personnels, ou qu'elle aura droit à telle portion des biens de son mari ; dans ce cas, il sera tenu en équité d'exécuter son engagement, et le mariage subséquent ne saurait invalider, en droit commun, l'effet de cette obligation.

Le mari peut faire à sa femme pendant le mariage des libéralités ; elles seront considérées comme la propriété particulière de celle-ci, même sans l'intervention de *trustees*, pourvu qu'elles ne soient pas faites au préjudice des créanciers du donateur (Kent, t. ii, p. 161).

En ce qui touche la propriété qui lui a été privativement constituée avant ou pendant le mariage, la femme est investie de l'exercice absolu des droits de propriété ; elle peut disposer de ses biens conformément aux conventions arrêtées dans l'acte de constitution, contrat ou testament, et dans la mesure rigoureuse de ces dispositions ; si son pouvoir de disposer n'a pas été réglementé, elle en use à sa pleine et entière discrétion ; elle peut intenter ou soutenir des actions, et si elle se

trouve obligée de poursuivre son mari devant la juridiction
d'équité, la Cour peut ordonner que le mari procurera à la
femme provision suffisante *ad litem* (Kent, t. II, p. 162).

La propriété de la femme est le gage de ses créanciers personnels, et à cet égard elle a toutes les obligations et toute la
responsabilité d'une *feme sole*. C'est entre les mains des trustees de la femme que les créanciers devront atteindre la propriété de celle-ci, et devant la juridiction d'équité seulement.

CHAPITRE XI.

Marriage settlement.

Les conventions en considération du mariage sont ou antérieures ou postérieures au mariage.

Les premières sont protégées en équité, pourvu qu'elles
soient faites de bonne foi et qu'elles n'aient rien de contraire
à la loi.

Les conventions intervenues entre mari et femme après le
mariage, en exécution de conventions par écrit antérieures à
l'union, sont valables et peuvent être opposées aux créanciers
et acquéreurs (Kent, t. II, p. 177).

Il a été jugé que toute convention postérieure au mariage,
contenant disposition du mari en faveur de la femme ou des enfants, non appuyée sur une convention antérieure au mariage,
est nulle au regard des créanciers existant au jour de la convention.

Mais, si le mari n'avait point alors de créanciers, et si la
disposition est pure de toute intention de fraude, elle ne
pourra être attaquée par les créanciers subséquents du mari.

Les libéralités à titre gratuit sont certainement valables

entre les époux et leurs héritiers; mais il n'est pas établi qu'elles soient opposables aux créanciers du donateur.

Les contrats à titre onéreux sont permis entre époux, et ne peuvent être attaqués que pour cause de concert frauduleux : ils doivent être faits sous une *suffisante considération* (Kent, t. II, p. 179).

La loi ne reconnaît pas la légitimité de la séparation volontaire entre époux; par conséquent, elle ne saurait valider une convention directe de séparation de biens (*separate maintenance*). Il y aurait là, dit Kent, une atteinte portée au principe de l'indissolubilité et de la sainteté du mariage. Mais si, en vue d'une séparation volontaire, le mari s'engage envers un tiers, *trustee* de la femme, au paiement de telle somme destinée aux besoins de celle-ci, une telle convention serait valable et pleinement sanctionnée en équité. — C'est là une sorte de supercherie légale qui est dans le génie juridique de la Grande-Bretagne, mais qui disparaîtra, comme une contradiction, de la loi des États-Unis, loi si jalouse de réaliser la sincérité, la loyauté, la justice pratique des rapports.

D'ailleurs, les modifications apportées par tous les États au régime du mariage en ce qui touche les droits de la femme, autorisent entre époux toutes les conventions directes qu'ils entendent établir comme règles de leurs intérêts personnels pendant le mariage, en respectant la loi générale de l'institution.

Aux États-Unis, pas d'institution du notariat telle que nous la possédons en France; pas d'officiers ministériels ayant le privilége légal de donner aux actes l'authenticité. — Le témoignage de l'officier qu'on appelle notaire aux États-Unis, n'a pas plus de valeur que celui d'un simple particulier.

La forme de l'acte destiné à conserver la preuve des conventions entre époux, antérieure ou postérieure au mariage, est celle du *deed*; c'est, aux États-Unis comme en Angleterre, la forme solennelle par excellence ; et quoique cette forme soit particulièrement usitée dans la rédaction des conventions ayant pour objet la propriété immobilière, elle est employée ordinairement dans le règlement des intérêts matrimoniaux, qui ont, eux aussi, une si haute importance.

Le *deed* naturalisé aux Etats-Unis est le *deed* anglais. Nous n'aurions qu'à répéter ce que nous avons eu l'occasion d'exprimer déjà : en ce qui touche les formalités extrinsèques dont l'observation est nécessaire à la validité du *deed*, le droit ici est absolument le même que dans le droit anglais. Le *deed* sera donc la forme de prédilection pour tout acte de fidéicommis auquel les époux croiraient convenable d'avoir recours ou que tel donateur jugerait à propos d'instituer au profit d'une femme mariée qui ne se serait pas expressément réservé le droit exclusif et privé à toute propriété pouvant lui échoir pendant le mariage.

La femme n'a aucune part de la fortune acquise par le mari pendant le mariage; elle n'a droit qu'à la situation matérielle qu'elle s'est réservée ou qui lui a été faite avant ou pendant le mariage.

C'est là une injustice qui contraste malheureusement avec l'esprit d'équité des Américains, et que leur conscience élevée du droit ne saurait longtemps maintenir. Aux Etats-Unis, la femme est l'égale de l'homme, c'est-à-dire sa vraie compagne, son ASSOCIÉE. Elle a un droit à l'actif social. Pourquoi le lui refuser?

Deux États font exception à cette règle qui exclut la femme de tout partage dans le gain de l'établissement conjugal : la Californie et la Louisiane.

La communauté de biens est la loi des unions dans ces États, et il n'y peut être dérogé que par des stipulations expresses (Kent, t. II, p. 115 et 190, notes).

La communauté de biens s'entend ici dans des conditions

qui protègent le droit de la femme bien plus efficacement que
ne le fait notre Code civil. Le mari, administrateur exclusif
des biens de l'association conjugale, ne peut aliéner les choses
de la communauté ; et, à sa mort, la nullité de ces aliénations
peut être poursuivie par la femme comme présumée faite au
préjudice de ses droits.

Au surplus, la loi française domine en principe dans la législation de la Louisiane, qui a, comme ses confédérés, conservé l'empreinte profonde de son origine et de sa tradition.

La femme ne peut pas plaider contre son mari ; si elle lui
remet ses revenus ou ses propriétés, le mari en dispose comme
de choses à lui appartenant.

Telle est, sur le mariage et sur le contrat de mariage, la
législation de l'Angleterre et des États-Unis.

———

Avant que ce livre fût achevé, j'avais eu l'occasion de donner mon opinion sur une question de droit anglais des plus
intéressantes, en matière de mariage et de contrat de mariage.

Le procès a fait surgir, au point de vue des rapports inter-
nationaux, des problèmes, et déterminé des solutions qui mettent très-vivement en lumière et les principes de la loi anglaise, et la nécessité de subordonner à leur connaissance
toutes conventions et tous rapports civils et commerciaux.

C'est pourquoi j'ai pensé qu'il ne serait pas sans intérêt et
sans profit de faire connaître, avec les faits qui leur ont servi
d'objet, et cette consultation et le jugement du tribunal de
commerce qui en a consacré les conclusions.

Voici ce dont il s'agissait.

Faits :

M. Samuel Ferguson, sujet anglais établi en France comme
commerçant, sans avoir recherché l'immunité offerte aux

étrangers par l'art. 13 du Code civil, a épousé Mlle Marie-Joséphine-Inès Faure, originaire de Puebla (Mexique).

Les futurs époux avaient adopté le régime de la loi anglaise, et le mariage fut célébré à l'ambassade britannique, le 2 septembre 1856.

« Dans la vue de ce mariage, » est-il dit en l'acte de reconnaissance d'écritures reçu par M° Descours, notaire à Paris, le 2 septembre 1856, « et des conséquences qu'il doit entraîner, et dans le but de régler la position de fortune de « Mlle Faure, M. Ferguson et Mlle Faure ont arrêté dans les « formes anglaises et conformément aux dispositions des lois « de ce pays, par lesquelles ils se trouveront régis quant à leurs « biens, les clauses et conditions de leur union, suivant acte « sous seings privés en date, à Paris, du 1ᵉʳ septembre 1856, « dont l'original sera déposé pour minute à M. Descours. »

Le contrat avait, selon la coutume anglaise, affecté la forme d'un fidéicommis (*trust*) : il était intervenu entre M. Ferguson, d'une part, Mlle Faure d'autre part, et MM. Duval, Guidou et Mauger, encore d'autre part, ces trois derniers en qualité de fidéicommissaires ; et il avait eu pour objet d'investir les fidéicommissaires, au regard du futur époux, de la propriété légale des biens personnels à la future épouse.

« Attendu, dit l'acte, qu'un mariage doit prochainement être « conclu et célébré entre M. Samuel Ferguson et Mlle Marie-« Joséphine-Inès Faure ; et attendu que ladite demoiselle Faure, « par testament de son père, etc., possède ou a droit à certains « biens immeubles et meubles et valeurs sis en France, au « Mexique ou ailleurs ; — et attendu que traitant dudit ma-« riage projeté, il a été convenu que lesdits biens et valeurs « de ladite Marie-Joséphine-Inès Faure seraient transmis, « transportés et transférés de la manière qu'il sera dit ci-après, « et que ledit Ferguson prendrait l'engagement ci-après con-« tenu. . . . .

« . . . . . Mlle Marie-Joséphine-Inès Faure, avec le con-
« sentement dudit sieur Ferguson, concède, transmet et trans-
« porte, par ces présentes, auxdits Dumas, Guidou, Mauger,
« à leurs héritiers ou ayants cause, ...
« . . . .
« et il est, par ces présentes, déclaré que lesdits Dumas,
« Guidou, Mauger, dorénavant appelés fidéicommissaires,
« leurs héritiers, exécuteurs testamentaires, administrateurs
« et ayants cause, ... resteront saisis et en possession de
« tous les biens ci-dessus concédés, transmis et transférés. . . .
« . . . . . à la charge, par eux, de conserver *invendus* lesdits
« biens en fidéicommis, etc. »

Suivent les conditions du contrat, et la clause qui n'autorise Mlle Faure qu'à toucher les deux tiers de ses revenus pour
son usage personnel, mais sans anticipation, avec pouvoir de
donner de ce chef bonnes et valables quittances.

Enfin, les fidéicommissaires étaient autorisés à aliéner, du
consentement des époux, les biens de Mlle Faure, mais à la
condition expresse d'en faire immédiatement le remploi.

Ainsi, Mlle Faure, avant de se marier, isolait absolument
sa fortune de celle de son mari; elle se réservait la disposition de ses revenus; et les fidéicommissaires, saisis par une
fiction légale de cette propriété, avaient pour mission et pour
devoir de veiller à la stricte conservation des droits dont ils
avaient accepté la garde et la protection.

A peine le mariage contracté, et suivant acte reçu Me Descours, notaire, le 9 décembre 1856, les fidéicommissaires donnaient au principal commis de M. Ferguson pouvoir et mandat
d'exercer tous les droits et de remplir toutes les obligations du
fidéicommis. Ils lui conféraient en même temps la faculté de
se substituer telle personne qu'il jugerait convenable.

Dès le lendemain, 10 décembre, et conformément à ce droit
de substitution, M. Ferguson se trouvait revêtu des pouvoirs

des fidéicommissaires, et il entrait de fait en possession de la fortune *inaliénable* de Mme Ferguson.

Nanti de ce mandat, il part, accompagné de sa femme, pour le Mexique; il y constitue, en son nom et à la connaissance de sa femme, un mandataire, chargé de recevoir les revenus et d'aliéner les immeubles.

Le produit de ces revenus, de ces aliénations a été appliqué par Ferguson à son usage personnel; mais il n'est sur ses livres de commerce aucune trace de transaction soit avec sa femme, soit avec les fidéicommissaires.

Quant à ces derniers, ils n'ont, avant la faillite de Ferguson, réclamé de celui-ci aucun compte; et ce n'est qu'après le désastre qu'ils ont songé à assigner le syndic *en leur qualité de fidéicommissaires*, et à lui demander le paiement de la somme de 386,235 fr. provenant de la fortune de M. Ferguson, et encaissée, disent-ils, par son mari.

C'est à cette demande qu'il s'agit de répondre, au nom du syndic et de la masse des créanciers.

Droit.

1° *Les demandeurs sont non recevables.* Il importe de préciser la qualité en laquelle les demandeurs ont engagé l'instance : car c'est à cette qualité même que s'impose la non-recevabilité invoquée.

Les demandeurs agissent comme *trustees* (fidéicommissaires), c'est-à-dire, comme PROCUREURS de Mme Ferguson. Ils reconnaissent d'ailleurs qu'ils n'ont fait avec Ferguson commerçant aucun acte de commerce, aucune transaction qui leur donne un droit, une action personnels.

Ils ne sont donc et ne peuvent être que les PROCUREURS de Mme Ferguson, et leur qualité a son origine et sa virtualité dans le contrat de fidéicommis du 1er septembre.

Or, il est de droit absolu, en France, que *nul ne peut plaider par procureur;* et en face de cette maxime qui a toute la portée et toute la rigueur d'une institution d'ordre public, nul doute que les *trustees* ne soient non recevables devant notre juridiction nationale.

Il est ici nécessaire de résumer brièvement les principes qui régissent, en Angleterre, le mariage et les droits civils des époux.

Aux termes du droit commun (*common law*), le mariage fait des époux une seule et même personne civile, ce que les auteurs appellent une *identity*. La femme, en se mariant, perd toute individualité civile : sa personnalité est absorbée par celle du mari ; ses biens mobiliers deviennent la propriété de ce dernier, aussi bien que les revenus de ses immeubles patrimoniaux ; et cette investiture conférée par la loi au mari est si énergique, que, si le mari prédécède, les biens de sa femme, que le mariage lui avait apportés, passent à ses propres héritiers, comme sa fortune personnelle.

Sous ce régime, la logique refuse à la femme tout droit d'action ou de contrat avec son mari ; le contraire serait un non-sens juridique, car ce serait la division de l'*identité*, condition essentielle de l'association conjugale.

Mais à côté du droit commun qui annihile si absolument la personne civile de le femme, pour la fondre en celle du mari, il y a, en Angleterre, un autre droit, le droit dit d'*équité*, création moderne, qui vit à côté du droit immuable de la tradition (*common law*).

Ce droit d'équité a respecté l'institution fondamentale du mariage, telle que je l'ai résumée ; mais il a permis à la femme de stipuler, *avant le mariage*, la séparation totale ou partielle de sa fortune, et la faculté de s'en réserver l'usage particulier (*for her separate maintenance*).

La femme alors fait un contrat appelé *trust* (fidéicommis), dans lequel intervient le mari, comme témoin, et pour affirmer son consentement : ce contrat est passé entre la femme et des tiers, généralement au nombre de trois, appelés *trustees* (fidéicommissaires), auxquels elle transporte sa propriété légale, sous la condition de lui en servir directement le revenu, et sous telles autres stipulations qui lui conviennent. L'inaliénabilité de la propritété est généralement stipulée, ou l'on n'y renonce que sous certaines restrictions. Mais ce transport n'est qu'une fiction; il n'a pour but que de réaliser *un dépôt avec mandat*, car autrement il serait sans cause, puisque la femme ne reçoit rien en retour de la propriété qu'elle aliène.

Ce contrat est une sauvegarde juridique créée au profit de la femme contre les usurpations de l'autorité maritale, et les *trustees* sont les curateurs de la femme appelés par la loi à rendre efficace cette sauvegarde et impossible toute usurpation.

Rien de semblable dans notre droit; rien même d'analogue. On est ou on n'est pas propriétaire; mais pas de fiction entre celui qui a l'usufruit et celui qui a la propriété de la chose.

De ce qui précède, il résulte que les *trustees* ne sont et ne peuvent être que des *procureurs*, plaidant pour revendiquer une chose qui n'est pas la leur, et sans titre légal pour plaider devant la justice de ce pays.

2° Mme Ferguson s'est jointe aux *trustees* et a elle-même assigné le syndic, avec l'autorisation de son mari.

Mme Ferguson peut-elle intervenir dans l'instance? Son mari peut-il l'assister et l'autoriser?

Des faits et des principes ci-dessus exposés il résulte que l'intervention de Mme Ferguson ne saurait se justifier.

En droit, Mme Ferguson n'a et ne peut avoir aucun lien de droit avec son mari. En fait, elle ne lui a rien prêté, rien donné.

Elle n'a de réclamation à faire qu'aux *trustees*, dépositaires de sa fortune, et qui l'ont reçue sous leur responsabilité.

Quant à l'*autorisation* de son mari, c'est une procédure toute française, contradictoire au droit anglais, qui seul régit les rapports des époux Ferguson ; et elle ne saurait avoir, dans l'espèce, aucun sens, aucune opportunité.

Donc, Mme Ferguson, comme ses *trustees*, est non recevable, et son intervention est une anomalie, qui, devant la juridiction anglaise, n'eût même point osé se produire.

3° Autre cause légale de non-recevabilité.

Le contrat de mariage n'est qu'un acte sous seings privés ; sa réception au nombre des minutes du notaire, Mᵉ Descours, ne lui a point enlevé ce caractère d'origine et de légalité.

Aucune publicité n'a été donné à ce contrat que la loi anglaise seule dominait.

Pourtant, le notaire avait pensé que, recevant cet acte comme reconnaissance d'écritures, il devait le considérer comme un contrat intéressant les intérêts français, et il avait donné aux parties connaissance des art. 1391 et 1394 du Code civil.

S'arrêter à cette formalité était insuffisant : et rien ne pouvait dispenser les conseils des futurs époux d'obliger ces derniers à l'observation des art. 67 et 68 du Code de commerce.

Art. 67. « Tout contrat de mariage entre époux dont l'un « sera commerçant, sera transmis par extrait, dans le mois « de sa date, aux greffes et chambres désignés par l'art. 872 « du Code de procédure civile, pour être exposé au tableau, « conformément au même article. Cet extrait annoncera si « les époux sont mariés sous le régime de la communauté, « s'ils sont séparés de biens, ou s'ils ont contracté sous le ré- « gime dotal.

Art. 68. « Le notaire qui aura reçu le contrat de mariage « sera tenu de faire la remise ordonnée par l'article précédent, « sous peine de cent francs d'amende et même de destitution,

« et de responsabilité envers les créanciers, s'il est prouvé
« que l'omission soit la suite d'une collusion. »

L'inobservation de ces formalités équivaut à un concert
frauduleux des parties qui s'en sont affranchies, et les tiers
ont incontestablement le droit d'opposer aux époux Ferguson
cette abstention comme une faute dont la responsabilité ne
saurait atteindre les créanciers victimes du mystère prémédité qui leur a dissimulé le caractère de l'économie légale du
contrat.

Or, l'art. 67 du Code de commerce a une sanction qui doit
ici s'élever dans toute sa rigueur.

Il n'est lui-même que la reproduction de l'art. 1er, titre VIII, de l'ordonnance de mars 1673, ainsi conçu :

« Dans les lieux où la communauté de biens d'entre mari
« et femme est établie par la coutume ou par l'usage, la clause
« qui y dérogera dans les contrats de mariage des marchands
« grossiers ou détailleurs et des banquiers, sera publiée à
« l'audience de la juridiction consulaire, s'il y en a, sinon,
« dans l'assemblée de l'hôtel commun des villes, et insérée
« dans un tableau exposé en lieu public, A PEINE DE NULLITÉ,
« *et la clause n'aura lieu que du jour qu'elle aura été publiée*
« *et enregistrée.* »

La loi nouvelle, il est vrai, n'a pas expressément maintenu
cette pénalité ; mais cette sanction est d'une telle équité, et,
dans les circonstances de la cause, elle semble tellement justi-
fiée par les faits, que les dispositions si larges de l'art. 1382
permettraient d'en réclamer le bénéfice sous forme de dommages-intérêts.

Voici quelle est, à ce sujet, l'opinion de Dalloz, *Répertoire*,
v° *Contrat de mariage*, n° 287 :

« A défaut des formalités prescrites, l'ordonnance de 1673
« déclarait nulles les clauses du contrat qui dérogeaient au
« régime de la communauté. Quoique cette nullité ne soit

« plus prononcée par la loi nouvelle, les tiers pourraient, se-
« lon les circonstances, faire valoir contre le mari l'ignorance
« de ces clauses, et demander qu'il fût réputé marié sans
« contrat, et par suite sous le régime de la communauté légale.
« Il en devrait être de même à l'égard de la femme dont la
« connivence serait prouvée. » (Opinion conforme de Par-
dessus, *Droit commercial*, § 1, n° 95.)

Il ne me paraît pas téméraire, dans les circonstances con-
nues, de déclarer qu'il y a eu connaissance parfaite, par
Mme Ferguson, des faits d'aliénation et d'appropriation con-
sommés par son mari. Elle a tout accepté, tout ratifié.

Cela suffit pour qu'aux yeux des tiers elle ne soit plus
qu'une femme commune, ayant abandonné à son mari tout
son avoir, ayant avec préméditation trangressé la loi du fidéicommis, ayant abdiqué toute situation distincte et isolée, et
ayant par conséquent constitué une communauté de fait qui
ne lui permet plus de séparer ses droits et ses obligations des
obligations et des droits de son mari.

Voici le jugement rendu le 27 décembre 1868 par le tribunal de commerce de la Seine :

« Attendu que la dame Ferguson est devenue Anglaise par
« son mariage avec Ferguson, sujet anglais, établi en France ;
« que le mariage a été contracté à Paris, le 2 septembre 1856,
« mais à l'ambassade britannique, en la forme et sous le ré-
« gime de la loi anglaise, formellement adoptée par les deux
« époux, pour règle des conditions civiles de leur union ; —
« que par contrat du 1er septembre 1856, déposé pour minute
« chez Me Descours, notaire à Paris, la dame Ferguson, alors
« demoiselle Faure, avait transporté à trois *trustees* ou fidéi-
« commissaires, l'entière propriété de tous ses immeubles,
« à charge de lui en remettre les revenus et de ne pouvoir

« les aliéner que du consentement des époux Ferguson et à
« la condition expresse d'en faire immédiatement remploi;—
« attendu que dès le 9 décembre suivant, les *trustees*, suivant
« acte reçu par le même notaire, ont donné pouvoir d'exercer
« tous les droits et mandats, de remplir toutes leurs obligations
« à un tiers qui, dès le lendemain, 10 décembre, suivant acte
« reçu par le même notaire, a transmis tous ces pouvoirs à
« Ferguson lui-même; — que par suite les époux Ferguson
« ont pu réaliser en toute liberté et sans faire de remploi
« une partie des immeubles compris dans le fidéicommis; —
« attendu qu'aujourd'hui les *trustees*, d'une part, et d'autre
« part la dame Ferguson, autorisée par son mari, réclament
« une somme totale de 386,235 fr. 76 cent., provenant de
« ces réalisations, et qui auraient été versés indûment, soit
« dans la société Ferguson aîné et fils, soit aux mains de
« Ferguson fils; — qu'il y a lieu d'examiner si ces demandes
« sont recevables en la forme;

« En ce qui touche les *trustees* :

« Attendu que la qualité de *trustee* ne saurait être assimi-
« lée à celle de mandataire ; que les demandeurs n'ont reçu
« aucun mandat de la dame Ferguson; qu'ils agissent donc
« en leur nom personnel; qu'ils n'ont jamais traité, soit en
« leur nom personnel, soit en qualité de *trustees*, avec la so-
« ciété Ferguson aîné et fils, ou même avec Ferguson fils ;
« qu'aucun lien de droit n'existe donc entre eux et les défen-
« deurs, et qu'il y a lieu de les déclarer non recevables ;

« En ce qui touche la dame Ferguson :

« Attendu qu'il résulte de ce qui a été dit précédemment,
« qu'elle est soumise, quant à ses biens, au régime de la loi
« anglaise, aux termes de laquelle toute individualité civile
« lui est refusée; — qu'elle ne pouvait donc avoir aucune
« action contre son mari ni contre le syndic substitué aux
« droits de ce dernier; — attendu, d'ailleurs, à l'égard de

« Ferguson père, qu'il n'existe aucun lien de droit entre
« elle et ce dernier ; que si des sommes provenant de la réa-
« lisation de ses immeubles ont été versées dans la caisse de
« la société, elles ne l'ont pas été par elle, qui avait fait an-
« térieurement abandon de tous ses biens aux *trustees* par
« des dispositious ignorées des tiers ; — qu'il y a donc lieu
« également de déclarer la dame Ferguson non recevable à
« l'égard des deux défendeurs ; — Par ces motifs, le Tri-
« bunal, jugeant en premier ressort, ouï M. le juge-commis-
« saire en son rapport oral, fait à l'audience, le 13 décembre
« courant, déclare les trois demandeurs et la dame Ferguson,
« chacun en ce qui le concerne, non recevables en toutes
« leurs demandes, fins et conclusions, les en déboute et les
« condamne aux dépens. »

Cette récente décision judiciaire, par son caractère excep-
tionnel et spécial, prouve que j'avais raison de penser, en
écrivant ce livre, que je ne faisais pas une œuvre dépourvue
d'opportunité.

APPENDICE.

———

L'art. 203 du Code Napoléon rappelle aux époux l'obligation de « nourrir, entretenir et élever leurs enfants. »

Mais le législateur n'a trouvé aucune sanction coercitive à l'accomplissement de ce devoir, le premier de tous, envers l'enfant ; et l'on sait quelle étrange résistance rencontre dans certains esprits le vœu des hommes de cœur qui comprennent que l'instruction doit être obligatoire.

En Amérique, pas de ces résistances intéressées, pas de ces hypocrisies libérales.

L'enseignement public y est donné par plus de 150,000 professeurs, dont 100,000 sont des femmes. C'est une dette contractée envers l'enfant, et la société veille à ce que l'indifférence dénaturée des parents ne lui fasse pas banqueroute.

Il est bon de savoir comment se font les choses, à cet égard, dans ce grand pays, et, pour que le renseignement soit plus exact, plus désintéressé, je me bornerai à traduire ce que dit Kent, l'illustre jurisconsulte des États-Unis, sur l'institution des écoles publiques, t. ii, p. 201 et suivantes :

« De l'éducation des enfants.

« L'éducation des enfants, conformément à leur condition « et à leur vocation, est un des devoirs impérieux des parents.

« Cette obligation n'est pas généralement appuyée d'une « sanction suffisamment rigoureuse par la loi municipale,

« mais elle est d'une haute importance pour la prospérité de
« l'État.

« Sans l'avantage d'une telle sollicitude dans les premières
« années de la jeunesse, les enfants de toutes conditions
« deviendront probablement paresseux et vicieux quand ils
« seront adultes, soit parce qu'ils auront été privés d'une
« bonne instruction, et de saines habitudes, et de moyens
« d'existence ; soit parce qu'ils auront manqué d'une occu-
« pation rationnelle et utile.

« Un père qui jette dans le monde un enfant dépourvu
« d'éducation, de métier ou de profession, commet un attentat
« contre le genre humain, aussi bien que contre sa propre
« famille, car il prive la communauté d'un utile citoyen, et
« il lui inflige un fléau.

« Ce devoir des parents leur est imposé avec une persua-
« sive énergie par tous les écrivains interprètes de la loi
« naturelle (Puffendorf, liv. iv, chap. 2, sect. 5 ; — Poley,
« Philosophie morale, p. 224, 225).

« Solon était si convaincu de cette obligation, il la consi-
« dérait comme tellement sacrée, qu'il dispensait du devoir
« d'assister leurs père et mère les enfants que ceux-ci avaient
« négligé de pourvoir d'un métier ou d'une profession.

. . . .

« Les plus grands efforts ont été faits dans ce pays, les
« plus généreux et les plus nobles concours ont été donnés
« pour répandre les moyens de s'éclairer, et rendre l'instruc-
« tion ordinaire accessible à tous les membres de la société.

« Plusieurs États ont fait de l'établissement et de l'entre-
« tien des écoles publiques l'objet d'un article de leurs
« constitutions.

« Il est reconnu en principe, depuis l'origine des colonies,
« dans la Nouvelle-Angleterre, que c'est le droit et le devoir
« du gouvernement d'assurer par une contribution publique

« à tous les enfants les éléments d'une instruction suffisante
« et d'une éducation morale et religieuse.

« Toute ville, toute paroisse est tenue, par la loi, d'avoir et
« d'entretenir une école durant la plus grande partie de l'an-
« née. L'école est sous la surveillance de l'autorité publique,
« et l'on ménage aux enfants les plus pauvres du pays l'accès
« et la fréquentation de ces écoles.

« Les *selectmen* (surveillants) dans chaque ville ont à s'as-
« surer dans chaque famille que les enfants et les apprentis
« reçoivent des leçons de lecture, qu'on leur apprend les
« principales dispositions des lois pénales.

« Dans le Massachusetts, aux termes d'un statut de 1647,
« toute ville composée de cinquante familles devait avoir une
« école où les enfants apprendraient à lire et à écrire; et toute
« ville comprenant cent familles devait avoir une école de
« grammaire, préparant la jeunesse pour l'enseignement du
« collége.

« Les écoles communes dans le Massachusetts ont été
« entretenues jusqu'à ce jour par des taxes directes et par
« souscriptions individuelles, et nulle part, dans une popula-
« tion égale, ne s'est rencontrée encore une instruction élé-
« mentaire plus universellement répandue. . . . .

. . . .

« L'État de Connecticut a un fonds d'école très-considé-
« rable, dont la création remonte à 1795. Dès 1840, il dé-
« passait deux millions de dollars par année. — L'éducation
« ordinaire est une nécessité si impérieusement reconnue
« dans ce pays, que si les parents se refusent à donner à
« leurs enfants l'enseignement élémentaire, à leur apprendre
« convenablement la langue anglaise et les principales lois
« pénales, les *selectmen* de la ville devront prendre les enfants
« chez les parents, les confier à des patrons capables, chez
« lesquels ils apprendront, avec un état utile, la lecture, l'é-

« criture et les éléments de l'arithmétique nécessaires aux
« transactions ordinaires. »

Le résultat de ces provisions est attesté par une remarquable
expérience. Pendant les vingt-sept années que le chief-justice
Reeves a exercé comme avocat dans le Connecticut, il n'a jamais eu affaire, dit-il, à une personne du pays qui ne sût pas
écrire.

. . . .

« Dans les six États de la Nouvelle-Angleterre, on ne
« compte pas moins d'un demi-million d'enfants qui reçoivent
« chaque année dans les écoles communes l'instruction élé-
« mentaire. »

Après avoir constaté que tous les États sont dotés d'un
fonds d'école alimenté par la sollicitude et l'émulation de
l'esprit public qui ne subordonne à aucun autre l'intérêt éminemment social d'affranchir de l'ignorance tout membre responsable de l'association nationale ; après avoir fait un séduisant et sévère tableau de l'opulence de ces dotations et du
nombre considérable des visiteurs assidus de ces écoles, Kent
résume son exposé du système d'enseignement public aux
États-Unis, en examinant l'état des choses à New-York.

« Les lois de New-York sur ce sujet, dit-il, commandent
« une mention plus particulière.

« Elles furent d'abord fort défectueuses, et il n'y eut dans
« l'État aucune disposition légale ayant pour objet l'établisse-
« ment d'écoles publiques pour l'éducation commune des
« enfants, car à cet ordre d'idées n'appartient pas la série des
« dispositions qui armaient les surveillants des pauvres et deux
« juges du droit de placer les enfants pauvres en apprentis-
« sage, et d'obliger leurs patrons à leur apprendre à lire et à
« écrire.

« Mais depuis 1795, un mouvement particulièrement libé-
« ral et éclairé s'accuse, et de cette époque date l'effort sou-

« tenu et énergique du gouvernement pour encourager les
« écoles communes par tout l'État.

« La somme annuelle de 50,000 dollars pendant cinq ans
« fut destinée et distribuée également aux différentes villes,
« pour l'établissement et l'encouragement d'écoles, où l'on
« enseignerait aux enfants les éléments les plus utiles et les
« plus nécessaires d'une bonne éducation anglaise. Une
« somme égale à la moitié de la somme accordée par l'État à
« chaque ville, put être levée par chaque ville pendant la
« même période, pour ajouter aux ressources des écoles.

« En 1805, on constitua un fonds permanent pour l'en-
« tretien des écoles, et cette dotation fut successivement
« augmentée par dispositions législatives. Dès lors devint
« toujours plus vive la passion publique pour le développe-
« ment, la sécurité et l'emploi de ce fonds, et l'opinion ne fit
« que se pénétrer de plus en plus du sentiment profond de
« la valeur morale de ce fonds et de l'importance de sa des-
« tination.

« En 1811, la législature s'occupa d'un système d'organi-
« sation et d'établissement d'écoles communes; en 1812 fut
« établi le système actuellement en vigueur, sous la direc-
« tion d'un surintendant des écoles communes.

« Le fonds d'école est distribué chaque année entre les
« différentes cités, au prorata de leur population, à la charge
« par elles de contribuer pour une somme égale à leur part
« afférente dans le fonds commun.

« Chaque cité est divisée en districts ayant chacun une
« école; on nomme à l'élection des commissaires et des
« inspecteurs, et l'on admet aux écoles les enfants de cinq à
« quinze ans.

« Ce système a eu le plus étonnant succès.

« En 1821, le fonds distribué était de 80,000 dollars,
« doublé par les contributions municipales; et le secrétaire

« d'État était déclaré *ex officio* surintendant des écoles com-
« munes.

« En 1823, il y avait 7,382 écoles de district, avec une
« population d'enfants dépassant le chiffre de 400,000. Plus
« du quart de la population entière de l'État recevait l'in-
« struction dans ces écoles communes. La somme de
« 182,000 dollars et au delà fut affectée en cette année aux
« dépenses de l'enseignement. Le fonds général et local,
« d'après le rapport du surintendant des écoles communes
« présenté le 8 janvier 1824, s'élevait à la somme de
« 1,637,000 dollars; et depuis, ce chiffre n'a fait qu'aug-
« menter.

« D'après le rapport annuel du surintendant des écoles
« communes donné en janvier 1831, il y avait 9,062 écoles
« de district, qui avaient reçu dans l'année 1830, 499,429 en-
« fants de cinq à seize ans; et l'exercice scolaire était de
« huit mois.

« La somme affectée aux besoins des écoles, en cette
« année, fut de 239,713 dollars, dont 100,000 fournis par
« le Trésor.

« En 1835, il y avait 10,132 écoles de district, fréquen-
« tées par 541,401 enfants de cinq à seize ans. Les traite-
« ments du personnel enseignant avaient épuisé la somme
« de 732,059 dollars, dont 312,181 fournis par le Trésor,
« et le surplus par les contributions locales. Dès 1840, le
« fonds d'école dans l'État de New-York dépassait 1,000,000
« de dollars.

« Le fonds d'école est solide et admirable; il est placé sous
« la garantie de la Constitution, qui déclare que *les receveurs*
« *de toutes les terres appartenant à cet État, sauf celles qui*
« *sont réservées à un usage public, seront et demeureront un*
« *fonds perpétuel, dont les revenus seront exclusivement*

« (inviolably) *appliqués à l'entretien des écoles communes de*
« *l'État.*

« Une telle sollicitude pour la diffusion universelle de
« l'instruction commune et utile est un légitime sujet d'or-
« gueil pour ceux qui en ont le mérite, et l'on ne saurait lui
« refuser la plus vive admiration.

« Mais ces généreuses et patriotiques initiatives du légis-
« lateur pour le développement des écoles communes ne
« doivent pas permettre aux parents, aux tuteurs, aux com-
« munes, de laisser s'attiédir leur zèle à conquérir un sys-
« tème d'éducation de plus en plus élevé, de plus en plus
« complet.

« Les individus doivent concourir avec les pouvoirs pu-
« blics, et une sage et patriotique législature ne peut cesser
« de patroner et de doter académies et collèges, et de
« rendre les éléments de la science, en même temps que les
« hautes branches du savoir, accessibles à tous dans chaque
« État. Sans l'avénement, parmi nous, d'un grand nombre
« d'hommes supérieurs par l'éducation, qui enseignent les
« professeurs des écoles communes, nous ne pouvons espérer
« que les devoirs publics qui nous incombent soient remplis
« avec satisfaction.

« Il ne s'agit pas de borner notre ambition au développe-
« ment des écoles communes ; il faut donner nos soins à la
« prospérité des hautes écoles, des académies, des collèges
« d'où doivent s'élever ces hommes accomplis qu'attendent
« les conseils publics du pays, qui doivent garder nos lois et
« nos libertés, et porter haut le caractère de la nation. »

Tel est le langage du légiste dans ce pays de la raison et
de la justice. La lumière, la lumière pour tous, pour les plus
humbles comme pour les plus élevés : voilà ce qu'il appelle.

Les plus dignes ne seront que les plus *éclairés*, et l'expérience a prouvé et prouve chaque jour, par les plus glorieux

exemples, que ces hautes vertus sont dans le tempérament comme dans la pratique de cette vigoureuse et puissante société.

C'est pour elle un bonheur et une gloire.

C'est pour nous une leçon, une humiliation, mais aussi une espérance.

FIN.

TABLE DES MATIÈRES.

FIN DE LA TABLE DES MATIÈRES.

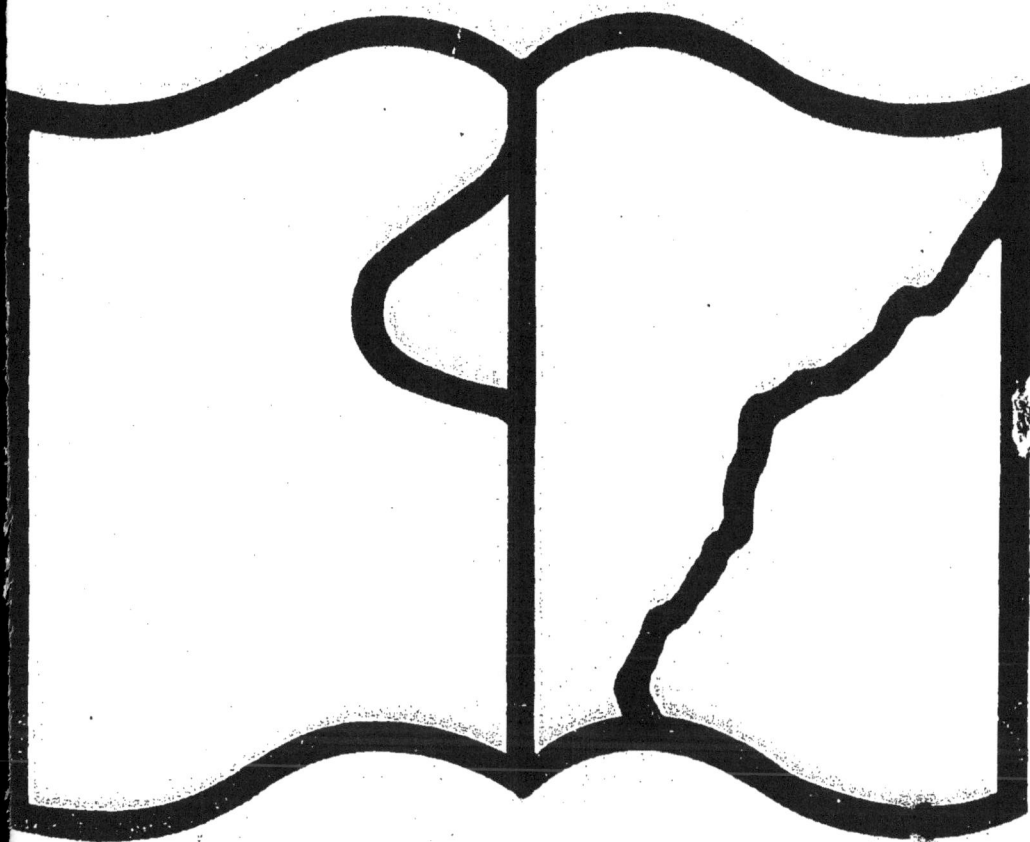

Texte détérioré — reliure défectueuse

NF Z 43-120-11

www.ingramcontent.com/pod-product-compliance
Lightning Source LLC
Chambersburg PA
CBHW072059090426
42739CB00012B/2816